Franz Fischler
Christian Ortner

EUROPA – DER STAAT, DEN KEINER WILL

Franz Fischler
Christian Ortner

EUROPA – DER STAAT, DEN KEINER WILL

ecowin

Franz Fischler, Christian Ortner
Europa – Der Staat, den keiner will
Salzburg: ecowin Verlag der TopAkademie GmbH, 2006
ISBN-13: 978-3-902404-27-5
ISBN-10: 3-902404-27-2

Unsere Web-Adressen:
http://www.ecowin.at
http://www.topakademie.com

Umschlag: www.adwerba.at

Gesamtherstellung: Druckerei Theiss GmbH, A-9431 St. Stefan, www.theiss.at
Printed in Austria

Inhaltsverzeichnis

Vorwort

Die Integration Europas hat sich wohl als richtige Strategie erwiesen. Auch Rückschläge und Krisen ändern nichts an der Tatsache, dass die Europäische Gemeinschaft seit nunmehr über 50 Jahren als Stabilitätsanker nach innen und nach außen entscheidend zu Freiheit und Sicherheit, Wohlstand und sozialem Frieden beigetragen hat. Die über die Verträge von Maastricht und Amsterdam zur Europäischen Union weiterentwickelte Gemeinschaft gehört heute zu den attraktivsten und erfolgreichsten Regionen der Welt. Kein Mitgliedsstaat der Union kann und will diese Erfolge aufs Spiel setzen.

Die heftigen Diskussionen um den Verfassungsvertrag und die Referenden, in Frankreich und in den Niederlanden wie auch in Luxemburg, haben gezeigt, dass die Union zum Teil erheblichen Akzeptanzproblemen in der Bevölkerung gegenübersteht. Warum hat der Europa-Gedanke viel von seiner ursprünglichen Zündkraft und Dynamik verloren? Ich persönlich bin der Meinung, dass die europäische Öffentlichkeit im Lauf der Jahre den Faden verloren hat, dass sie die politische Übereinstimmung unserer Staaten über die Beweggründe für die Durchführung des gemeinsamen Werkes wie auch über die Wesenselemente dieses von uns angestrebten Europa vermisst. Wenn wir die europäische politische Union zustande bringen wollen, müssen wir zunächst dieses gemeinsame Leitbild wiederherstellen.

Heute, im Jahre 2006, empfinden die Europäer die Beweggründe für das europäische Einigungswerk nicht mehr in der gleichen Weise wie 1950 bei seinem Beginn. Der Europa-Gedanke ist zum Teil Opfer seines Erfolges geworden. Die Versöhnung früherer Feinde, der durch den erweiterten Markt ermöglichte wirtschaftliche Wohlstand, das Ende des Kalten

Krieges, der Fall der Berliner Mauer – all das scheint bereits definitiv erreicht und keiner neuerlichen Anstrengung zu bedürfen. Europa ist heute etwas Alltägliches geworden, es hat den Reiz des Abenteuers eingebüßt.

Unsere Völker setzen sich mit neuen Problemen und neuen Werten auseinander, von denen in den Verträgen kaum oder gar nicht die Rede ist. Sie stellen fest, dass sich die politische Union nicht automatisch aus der Integration der Volkswirtschaften ergibt, und allzu viele fruchtlose Diskussionen stellen die Glaubwürdigkeit und Aktualität des gemeinsamen Unternehmens in Frage. Insofern ist der Europa-Gedanke auch ein Opfer seiner Fehlschläge.

Allerdings kann ein unvollendetes Bauwerk dem Zahn der Zeit nicht standhalten; es muss fertiggestellt werden. Heute steht mehr denn je das in der Union bisher Erreichte auf dem Spiel. Wir sollten die auf dem Juni-Gipfel vereinbarte Nachdenkpause dazu nützen, um zu überlegen, wie es in Europa weitergehen soll. Am Ende dieser Phase, die zeitlich mit dem Ende des jetzt beginnenden Österreichischen EU-Vorsitzes zusammenfällt, sollten wir in der Lage sein, einschlägige Antworten auf die Fragen der politischen und geografischen Finalität der EU zu geben – Wie viel Europa wollen wir? Wie soll die Vertiefung weitergehen? Wo liegen die Grenzen Europas? –, aber auch Fragen nach der Zukunftssicherung und den neuen Herausforderungen beantworten: alternde Gesellschaften, Anpassungszwänge, erfordert durch die fortschreitende Globalisierung usw.

Kein kompetenterer Politiker und Fachmann als Franz Fischler könnte hierüber Aufschluss geben. Er war eines der politischen Schwergewichte in den beiden letzten EU-Kommissionen. In meiner Kommission hat er maßgeblich an der Erweiterungsstrategie mitgearbeitet und hat eine grundsätzliche Neuorientierung der Landwirtschaftspolitik und des ländlichen Raumes in die Wege geleitet, die allerdings nur zaghaft und schrittweise von den Staats- und Regierungschefs umgesetzt wurde. Fischler wird aber heute die persönliche Genugtuung haben, dass der von ihm vorgegebene neue Kurs stimmt. Er selbst kennt aus langjähriger Erfahrung die alltägliche Knochenarbeit der EU-Kommission. Dieses Buch wird meines Erachtens ein wichtiger Beitrag zu der oben erwähnten Nachdenkpause sein. Es wäre zu wünschen, dass die heutigen Entscheidungsträger sich an verschiedenen Antworten von Franz Fischler auf die ihnen gestellten Fragen orientieren könnten.

Jacques SANTER
EU-Kommissionspräsident a. D.

Über dieses Buch

Es war ein später Februarnachmittag des Jahres 2005 im Wiener Café Imperial. Wir besprachen die Möglichkeit, ein Buch zu schreiben, das sich einer damals nicht sonderlich verbreiteten These widmen sollte: der Möglichkeit, dass die Europäische Union in eine ziemlich schwere, möglicherweise sogar ihre Existenz bedrohende Krise geraten könnte.

Ein Gedanke, der zu diesem Zeitpunkt nicht eben nahe lag. Der Euro hatte sich nach nur kurzer Zeit als erfolgreiche und stabile Währung etabliert, der vorläufige Abschluss der Osterweiterung lag noch nicht einmal ein ganzes Jahr zurück, die erste Verfassung Europas war fertig geschrieben und harrte der Zustimmung der Mitgliedsstaaten.

Also: Crisis? What a Crisis?

Dass wir im Februar 2005 trotzdem über ein Buch nachdachten, das die kommende Krise der EU zum Gegenstand haben sollte, hing im Falle Franz Fischlers wohl primär mit der in zehn Jahren als Mitglied der EU-Kommission erworbenen Mischung von Sachwissen und außerordentlichem politischen Instinkt zusammen.

Die Idee, als Arbeitstitel für dieses Buch vorerst einmal „Woran die EU scheitern könnte" oder so ähnlich zu verwenden, kommentierte Franz Fischler damals so: „Was Scheitern bedeutet, darüber werden Sie in der EU ziemlich unterschiedliche Vorstellungen finden: Für die einen bedeutet Scheitern, was für die anderen eine wünschenswerte Entwicklung darstellt."

Keine drei Monate später, nachdem das französische Volk die EU-Verfassung in einem Referendum spektakulär hatte scheitern lassen, zeigte sich bedauerlicherweise, dass die im Februar im Café Imperial angestellten Überlegungen über eine drohende krisenhafte Entwicklung Europas nicht gerade falsch waren.

Das bedeutete leider nicht nur für die Europäische Union eine fatale Situation, sondern noch mehr für unser gemeinsames Buchprojekt: Eine Krise zu prophezeien, die zu diesem Zeitpunkt bereits der unerfahrenste Volontär im Leitartikel drittrangiger Blätter diagnostizierte, schien uns zu wenig Lesernutzen stiftend, um den damit verbundenen Verbrauch an Bäumen zu rechtfertigen. Weshalb unser Buch „Woran die EU scheitern könnte" sozusagen noch vor seinem Gegenstand gescheitert war.

Stattdessen haben wir in dem vorliegenden Text den Versuch unternommen, den gegenwärtigen, wenig erquicklichen Zustand der Europäischen Union von seinen Ursachen her zu beschreiben und mögliche Auswege zu skizzieren.

Gejammert und geklagt ist jetzt schon genug geworden.

Vor allem soll dieses Buch ein wenig dazu beitragen, die in vielen Fällen recht irrationalen Argumente, Gefühle und Erwartungshaltungen zu korrigieren, die dem europäischen Projekt entgegenschlagen – sei es vonseiten seiner Gegner, für die „Brüssel" zur Inkarnation des Übels schlechthin geworden ist, aber auch mancher EU-Befürworter, die sich von der Union die Lösung selbst jener Probleme erwarten, in die sich die EU gar nicht einmischen darf. Wenn es uns mit diesem Buch gelingen sollte, auch nur ein bisschen zur Versachlichung der Debatte und zu einem realistischeren Verständnis dessen beizutragen, was die EU kann und was nicht, dann ist schon etwas gewonnen.

Formal bedienen wir uns dabei der Form von „Frequently Asked Questions" (FAQs), also einer Auflösung der von den meisten Menschen als eher sperrig empfundenen EU-Thematik in 100 Fragen, von denen wir annehmen, dass ihre Beantwortung dem politisch interessierten Leser dienlich sein könnte.

Dass zwei Autoren (noch dazu ein Politiker und ein Journalist) nicht in allen Fragen – und besonders in so kontroversen wie etwa der Finanzierung der Agrarpolitik oder dem Irak-Krieg –

immer einer Meinung sind, ist unvermeidbar und wohl auch gar nicht wünschenswert.

Dass dieses Buch schließlich den Titel „Der Staat, den keiner will“ trägt, spiegelt leider eine europäische Realität wider; dass sich dies möglichst schnell und möglichst nachhaltig ändern möge, ist der gemeinsame Wunsch beider Autoren.

Franz FISCHLER
Christian ORTNER
Wien, im Dezember 2005

1. Kapitel

Die schizophrene Wirtschaftspolitik Europas oder: Warum man nicht „wettbewerbsfähigster Kontinent“ werden und gleichzeitig den Sozialstaat des vorigen Jahrhunderts bewahren kann

Bereits im Jahr 2000 hat sich die Europäische Union anlässlich eines Gipfels in Lissabon nicht mehr und nicht weniger zum Ziel gesetzt, als im Verlauf der darauf folgenden zehn Jahre – also bis 2010 – zur „wettbewerbsfähigsten Region der Welt“ zu werden. (Der Plan ist seither als „Lissabon-Prozess“ geläufig.)

Nicht nur der bekannt EU-skeptische tschechische Staatspräsident Václav Klaus fühlt sich da stilistisch „an die Beschlüsse des Zentralkomitees der KpdSU“ erinnert: Bereits 2005, also zur Halbzeit des Plans, war ziemlich klar, dass dieses Ziel auch inhaltlich nicht zu erreichen sein würde.

Mehr noch: Europa leidet seit Jahren unter besonders schwachem Wirtschaftswachstum, die Unterschiede in der wirtschaftlichen Leistungsfähigkeit zwischen den USA und der EU nehmen tendenziell eher zu als ab, die Arbeitslosigkeit steigt mehr oder weniger ungebremst an.

Davon, dass die EU im Jahr 2010 die wettbewerbsfähigste Region der Welt sein wird, ist sie in Wahrheit weiter denn je zuvor entfernt.

Einer der wichtigsten Gründe für die anhaltende Wachstumsschwäche Europas ist, dass der Kontinent bis heute keine wirkliche Antwort auf die Herausforderungen der Globalisierung gefunden hat. Denn etwa seit Ende der 80er Jahre haben sich die Bedingungen, unter denen Europa wirtschaftlich agiert, komplett verändert: mit der Öffnung Osteuropas, Russlands, Chinas, Indiens und einer Reihe anderer kleinerer Volkswirtschaften sind zwar auf der einen Seite attraktive Märkte für Europas Unternehmen entstanden, gleichzeitig jedoch Mitbewerber auf den Plan getreten, die nahezu alle Produkte in vergleichbarer Qualität, aber zu niedrigeren Preisen anbieten können. Dramatisch verstärkt wurde diese Entwicklung durch den technologischen Fortschritt der vergangenen Jahrzehnte (Internet, Mobil-Kommunikation, stark sinkende Transportpreise), der das Entstehen dieses globalen Marktplatzes erst so richtig ermöglicht hat.

Eine wesentliche Folge dieses Globalisierungsprozesses der vergangenen 15 Jahre war natürlich, dass Millionen von Arbeitsplätzen aus Westeuropa teilweise nach Osteuropa, teilweise weiter nach Ostasien abwanderten, das Lohnniveau in den alten EU-Staaten unter Druck geriet und die sozialen Sicherungssysteme angesichts der steigenden Arbeitslosigkeit an die Grenzen ihrer Belastbarkeit gerieten (während auf der anderen Seite die Inflation dank der stark sinkenden Preise für Textilien, Haushaltsgeräte oder Elektronik niedrig blieb).

Um die Frage, wie dieser Herausforderung am besten zu begegnen sei, tobt bis heute innerhalb der EU eine erbitterte ideologische Auseinandersetzung. Briten, Schweden, aber auch die meisten osteuropäischen Mitgliedsländer setzen auf einen Weg der weitgehenden Liberalisierung ihrer Volkswirtschaften, das Akzeptieren niedriger Löhne für niedrig Qualifizierte und einen vergleichsweise schlanken Sozialstaat. Die Folge sind auf der einen Seite – vor allem in Großbritannien oder Schweden – niedrige Arbeitslosenzahlen und ein robustes Wachstum, auf der anderen Seite freilich starke Einkommensgefälle und eine relativ hohe Anzahl von Menschen, die mit ihrem Erwerbseinkommen nur schlecht und recht überleben können.

Auf der anderen Seite versuchen Staaten wie Deutschland oder Frankreich, ihren traditionell stark entwickelten Sozialstaat weitgehend aufrecht zu erhalten. Hohe Steuern, hohe Staatsverschuldung und hohe Arbeitslosenraten lassen diesen Versuch jedoch auf die Dauer wenig aussichtsreich erscheinen.

Da Sozialpolitik noch immer weitgehend Angelegenheit der Nationalstaaten ist, hat die EU auf diesem Gebiet relativ wenig Einflussmöglichkeiten. Das hindert freilich populistische Politiker nicht daran, im Zweifelsfall „Brüssel“ die Schuld dafür zu geben, dass die Arbeitslosenzahlen hoch sind.

1 Viele Europäer haben den Eindruck, die EU sei der Hauptgrund dafür, dass die Bedingungen, unter denen die Menschen in Europa arbeiten, immer mehr amerikanisiert würden mit der Konsequenz, dass der Stellenwert rein wirtschaftlicher Überlegungen immer mehr zunimmt und dabei die Lebensqualität immer weiter abnimmt. Gefragt, ob sie das eigentlich wollen, hat die Europäer freilich in Wirklichkeit nie jemand.
Wer hat diese doch sehr grundsätzliche Entscheidung, die EU von einer stark wohlfahrtsstaatlich domestizierten Marktwirtschaft, wie sie in den 60er oder 70er Jahren in Europa vorherrschend war – und die doch alle sehr gemütlich fanden –, immer mehr zu einer Wettbewerbswirtschaft à la USA oder Großbritannien umzubauen, eigentlich getroffen, und wie ist sie legitimiert?

Diese Frage trifft vermutlich den Kern der gegenwärtigen europäischen Krise. Auf der einen Seite brennen uns Probleme wie mangelndes Wirtschaftswachstum, hohe und weiter wachsende Arbeitslosigkeit, der Verlust an Marktanteilen im Welthandel und die Abwanderung einer steigenden Zahl an Industriebetrieben unter den Nägeln, andererseits streiten wir munter weiter, welches Wirtschafts- und Sozialmodell auf der europäischen Ebene durchgesetzt werden soll. Die Deutschen fühlen sich weiter der Sozialen Marktwirtschaft verpflichtet, die nach der grünen Regierungsbeteiligung mit mehr Umweltverantwortung angereichert wurde. Die Österreicher haben ein ähnliches Modell in Form der Ökosozialen Marktwirtschaft entwickelt. Die Franzosen sind nicht bereit, ihre Form des Sozialstaates mit stark interventionistischen Tendenzen aufzugeben. Die neuen Mitgliedsstaaten schwanken zwischen teilweise liberalen Wirtschaftsformen und einer geringen Bereitschaft, Staatsbetriebe zu privatisieren, hin und her. Die Briten können sich immerhin zugute halten, dass sie mit der Debatte über den so genannten „dritten Weg“ einen europaweiten Diskurs über unser künftiges Wirtschaftsmodell angestoßen haben, doch die Debatte wogt weiter hin und her, brandet manchmal auf, um dann wieder nahezu zu verebben. Vor allem aber: Sie kommt nicht vom Fleck und dreht sich immer mehr im Kreis, während die Lage zunehmend dramatisch wird.

Eine Zeit lang glaubte Europa der Auseinandersetzung dadurch aus dem Weg gehen zu können, dass man einfach alle Wunschvorstellungen der einzelnen Mitgliedsstaaten zu einem Zielkatalog zusammenfasst. Kein Wunder daher, dass sich dieser dann wie ein Brief an das Christkind liest. So geschehen im Jahre 2000 in Lissabon und beschlossen von den Staats- und Regierungschefs. Wenn es nach diesen „Lissabon-Zielen“ geht, sollte die EU 2010 die wettbewerbsstärkste und auf Wissen basierende Ökonomie der Welt sein; gleichzeitig wollen wir aber unser Sozialmodell behalten und uns weiter der Umwelt verpflichten. Das alles soll noch dazu auf eine nachhaltige Art und Weise betrieben werden, und als Ergebnis wird es permanentes Wirtschaftswachstum und demzufolge auch ein permanentes Wohlstandswachstum geben.

Schade nur, dass sich die Realität nicht um die Beschlüsse der EU kümmert und die „Lissabon-Ziele“ heute weitgehend als gescheitert zu betrachten sind.

Seit die EU eingesehen hat, dass ein derartiges Modell in einem wachsenden weltweiten Wettbewerb keine Chance hat, spitzt sich die Debatte immer mehr zu: Auf der einen Seite unter der Führung des Vereinigten Königreichs diejenigen, die sagen, wir müssen uns noch mehr dem internationalen Wettbewerb stellen, wir müssen an Geschwindigkeit zulegen und stärker unsere Wirtschaft umstrukturieren, wir müssen in Forschung und Entwicklung investieren und dürfen vor allem jenen nicht nachgeben, die wieder nach staatlicher Intervention rufen. Auf der anderen Seite unter der Führung von Deutschland und Frankreich diejenigen, die mehr soziale Verantwortung und Verantwortung für die Umwelt verlangen und dafür plädieren, dass man möglichst internationale Umwelt- und Sozialstandards einführt, um auf diese Weise die Globalisierung zu domestizieren und schließlich eine humanere Welt zu schaffen.

Was fehlt, ist eine wirtschaftspolitische europäische „Baseline", von der aus man die verschiedenen Volkswirtschaften in ihrer Dynamik und in ihren Stärken und Mängeln beurteilen kann. Es wäre eine lohnende Aufgabe für die Kommission, für eine bessere Vergleichbarkeit der Volkswirtschaften zu sorgen. Statt die Debatte über eine ideale Welt fortzusetzen, sollten konkrete Projekte identifiziert werden, die Erfolg versprechend sind. Aufgabe der Politik müsste es sein, diejenigen, die nichts oder nur wenig zustande bringen, an den Pranger zu stellen und diejenigen, denen Fortschritte gelingen, auf das Stockerl zu heben.

Eine solche Vorgangsweise wird auch sehr bald die Frage provozieren, welches Wohlstandsverständnis wir aus europäischer Sicht überhaupt anstreben sollten. Ist tatsächlich das Bruttoinlandsprodukt pro Kopf der allein selig machende Maßstab für unser Glück? Was ist uns unser sozialer Friede wert? Kann man sich nicht in einer Gesellschaft, die nicht nur darauf aus ist, Gewinne zu produzieren, sondern auch Verluste zu vermeiden, eher wohl fühlen? Sollten wir uns nicht noch viel stärker von dem Gedanken leiten lassen, dass unsere Kinder und Kindeskinder ähnliche Chancen wie wir auf dieser Welt vorfinden und wir nicht so leben können, als ob wir die letzte Generation auf diesem Globus wären? Ist nicht auch das Wort vom kulturellen Reichtum mehr als ein Slogan? Wird diese Debatte verweigert oder ideologisiert, dann wird in unserer Gesellschaft sehr rasch die Frustration noch weiter zunehmen. Der Ausgang der Referenden in Frankreich und in den Niederlanden, die innerdeutsche Debatte oder die Globalisierungsverweigerung sind Ausdruck dieser Frustration.

Nachdem zur Zeit die Wachstumsgeschwindigkeit in den USA, aber noch mehr in China, Indien und vielen anderen Teilen der Welt wesentlich höher ist als in Europa, muss uns klar sein, dass wir gegenüber diesen Staaten an Wettbewerbskraft einbüßen werden, wenn wir daran festhalten, dass wir unseren Wirtschaftsmotor nur mit Halbgas statt mit Vollgas fahren.

2 Die EU neigt immer mehr dazu, die wirtschaftspolitischen Rahmenbedingungen in ganz Europa zu vereinheitlichen, indem etwa eine stärkere Harmonisierung der einzelnen Steuersysteme angestrebt wird. In der kleinen Schweiz dagegen, die ja nicht wirklich ein wirtschaftspolitisch erfolgloser Staat genannt werden kann, heben die einzelnen Kantone höchst unterschiedliche Steuern und Abgaben ein. Warum überlässt die EU nicht viel mehr dem Wettbewerb der Systeme zwischen den einzelnen Mitgliedsstaaten, so wie sie ja auch den Wettbewerb zwischen Unternehmen für besonders wünschenswert und besonders effizient hält?

Man tut der Europäischen Union Unrecht, wenn man behauptet, dass sie alles und jedes harmonisieren und vereinheitlichen will. Der Vergleich mit der Schweiz zeigt bei näherer Betrachtung übrigens, dass die Unterschiede in den Steuersystemen der EU-Mitgliedsstaaten weit größer sind als die zwischen den Kantonen. Es wäre absolut kontraproduktiv, wenn man alle Unterschiede beseitigen wollte. Welchen Sinn sollte es denn machen, dass die Unternehmenssteuern in Luxemburg, Spanien, Deutschland, Ungarn und Litauen dieselben wären?

Harmonisierung ist nur dort angebracht, wo es darum geht, Wettbewerbsverzerrungen zu vermeiden und zu verhindern, dass unterschiedlich hohe Steuern zu sehr unterschiedlich hohen Preisen für ein und dasselbe Produkt innerhalb der EU führen. Was für die Steuern gilt, gilt im Übrigen auch genauso für die Sozialsysteme. Es ist schlicht undenkbar, dass man in ganz Europa für die Krankenversicherung, für den Unfallschutz, für die Pensionen dieselben Beiträge bezahlt und gewissermaßen eine europäische Sozialversicherungsanstalt anstrebt. Dazu sind die Niveaus der einzelnen Volkswirtschaften ganz einfach zu unterschiedlich. Es kann auf europäischer Ebene daher nur darum gehen, Mindeststandards in Bezug auf Arbeitnehmerschutz und Daseinsfürsorge durchzusetzen, damit nicht einzelne Teilnehmer auf dem Binnenmarkt auf die Idee kommen könnten, Sozialabbau für eine bessere Wettbewerbsposition zu instrumentalisieren.

Was hat es dann mit dem so genannten „Steuerwettbewerb" in den neuen Mitgliedsstaaten auf sich? Das Problem ist nicht, dass die EU einzelnen Staaten die Höhe des Unternehmenssteuersatzes diktieren möchte (das will sie nicht), sondern das Problem ist vielmehr, dass immer wieder einzelnen Unternehmen Steuerprivilegien angeboten werden und damit nicht nur die Mitbewerber in anderen Mitgliedsstaaten, sondern auch die Mitbewerber im eigenen Mitgliedsstaat geschädigt werden. Das ist eine klare Diskriminierung und deshalb unakzeptabel.

Auch der „Strukturförderung" der EU wird immer wieder vorgeworfen, nichts anderes als eine staatlich erlaubte Form von unfairem Wettbewerb zu sein. Grundsätzlich kann man dem gar nicht widersprechen, nur gibt es ja neben der Gewährleistung eines fairen Wettbewerbs für die EU auch das Ziel, zurückgebliebenen Volkswirtschaften eine Chance aufzuholen zu geben, und das ist nun einmal nur möglich, wenn man den beteiligten Unternehmen gewisse Vorteile verschafft. Die richtige Frage lautet daher: Wie viel Verzerrung ist für die europäische Volkswirtschaft tolerabel? Für die Europäische Union gilt hier eine Grundregel, die sich durchaus bewährt hat: Jedes geförderte Projekt muss auch ohne Förderung realisierbar sein. Jeder Unternehmer, der das nicht nachweisen kann, wird auch nicht gefördert.

3 *Es fällt auf, dass Westeuropa sehr gesunde Wachstumsraten der Wirtschaft aufwies, solange Osteuropa noch hinter einer Mauer lag und weder Indien noch China irgendein wirtschaftliches Gewicht hatten. Viele Menschen fragen sich daher: Was spricht denn eigentlich dagegen, die riesige EU viel stärker als bisher von der Globalisierung abzuschotten (etwa durch Einfuhrbeschränkungen, Zölle etc.)? Vermutlich würden dann zwar CD-Player, T-Shirts oder Waschmaschinen ein bisschen teurer werden, aber gleichzeitig würden hunderttausende Arbeitsplätze wieder nach Europa zurückkommen, die jetzt in China oder Indien sind. Warum denkt die EU nicht einmal über eine derartige Politik nach?*

Natürlich war es eine angenehme Zeit, als noch die Europäische Union zusammen mit den Amerikanern mehr oder weniger den Weltmarkt dominierte. Aber was heute fehlt und auch mit noch so dichten Grenzen nicht erzeugt werden kann, ist ein entsprechendes Wachstum unseres eigenen Konsums. Statt die Zeit mit ohnedies nicht machbaren Ideen, wie man aus Europa wieder eine handelspolitische Festung machen könnte, zu vergeuden, ist es daher wesentlich gescheiter, darüber nachzudenken, wie man den Menschen wieder mehr Vertrauen in die Zukunft geben kann. Denn nur wer Vertrauen in die Zukunft hat, ist in einem höheren Maße bereit, sein verdientes Geld auch zu verbrauchen statt zu sparen, weil man ja nicht weiß, was die Zukunft bringt. Das gilt im besonderen Maß für die jüngere Generation. Untersuchungen zeigen sehr deutlich, dass die jungen Leute heute eine viel größere Sparbereitschaft zeigen als ihre Väter- und Müttergeneration. Wenn man sie fragt, warum sie das tun, geben sie an, dass ihnen in erster Linie das Vertrauen in unsere Pensionssysteme verloren gegangen ist und sie daher die Selbstvorsorge als einzigen Weg der Zukunftssicherung sehen.

Ähnliches gilt für unser Steuersystem. Auch Steuerreformen sollten stärker dazu benutzt werden, um den Konsum zu stimulieren. Wir brauchen beides: Konsumwachstum und Exportwachstum. Wenn wir jedoch möglichst ungehindert exportieren wollen, dann müssen wir auch bereit sein, unsere eigenen Märkte zu öffnen. Der Handel ist schließlich keine Einbahnstraße, und in der Welthandelsorganisation WTO gibt es keinen Retourgang. Vielmehr gehört es zu deren Grundprinzipien, dass ein einmal erreichter Grad an Liberalisierung nicht mehr rückgängig gemacht werden darf. Abgesehen davon zeigen alle ökonometrischen Weltmodelle, dass Marktöffnung Win-win-Situationen schafft und daher den Gesamtwohlstand auf unserer Welt vergrößert und nicht verkleinert. Außerdem ist es eine Illusion zu glauben, wenn wir unsere Grenzen dicht machen, dass dann die Arbeitsplätze, die nach China oder in andere Teile der Welt abgewandert sind, wieder zurückkehren würden. Es wären dann auch nicht nur die T-Shirts oder die Haushaltsgeräte, die etwas teurer würden, sondern das Ausschließen der europäischen Wirtschaft aus dem internationalen Wettbewerb würde nichts anderes bedeuten, als dass wir uns insgesamt auf die ökonomische Verliererstraße begeben. Denn weniger Wettbewerb heißt auch weniger Anstrengung, heißt teurer produzieren, heißt Märkte verlieren, heißt am Ende des Tages Wohlstandseinbußen für alle. Ein Modell, das auf Abschotten setzt, käme einer neuen „Kontinentalsperre" und daraus resultierender allgemeiner Verarmung gleich.

4 Seit der Verwirklichung des Binnenmarktes in der EU können sich Arbeitskräfte, aber auch Unternehmen frei in der ganzen Union niederlassen. Nun sind Arbeitnehmer, nicht zuletzt aufgrund der vielen verschiedenen Sprachen in der Union, in ihrer Mobilität in der Praxis viel stärker beschränkt als das Kapital und damit die Unternehmen.
Hat das nicht zur Folge, dass dank der EU die Position der Arbeitnehmer gegenüber jener der Arbeitgeber geschwächt worden ist und deswegen die Realeinkommen der Unselbstständigen tendenziell stagnieren oder sogar sinken, während jene der Unternehmer stark steigen?

Der beweglichste Faktor in einem freien Binnenmarkt ist sicher das Kapital, schon weniger beweglich sind die Güter und Dienstleistungen, und noch weniger beweglich sind in der Regel die Arbeitskräfte, gar nicht beweglich schließlich sind Grund und Boden und verschiedene andere Rohstoffressourcen. Dazu kommt, dass die Beweglichkeit nicht überall auf der Welt gleich groß ist. Während es in den USA kein besonderes Problem darstellt, dass Menschen von einem Bundesstaat in einen anderen übersiedeln, um dort bessere Arbeitsbedingungen vorzufinden, ist das in Europa eher die Ausnahme. Daher ist es schon richtig, dass derjenige, der sich in diesem System weniger bewegt, Nachteile in Kauf nehmen muss. Im Zusammenhang mit der im Rahmen der Erweiterung akzeptierten Übergangsregelung, dass bis zu 7 Jahre lang der Zustrom von Arbeitskräften aus den neuen Mitgliedsstaaten eingeschränkt wird, ist dieses Dilemma sehr deutlich geworden.

Denn was hilft es letztlich den Waldviertler Maurern und Zimmerleuten, wenn sie zwar aufgrund dieser Übergangsbestimmungen keine Konkurrenz von ihren Kollegen jenseits der

Grenze verspüren, wenn aber gleichzeitig das Bauunternehmen, bei dem sie beschäftigt sind, jede Ausschreibung eines öffentlichen Auftrages verliert, weil die Baufirmen von jenseits der Grenze billiger anbieten? Schon dieses einfache Beispiel zeigt, dass es keinen Sinn macht, nur einen Wirtschaftsfaktor in seiner Beweglichkeit zu behindern, während die übrigen ihre volle Beweglichkeit behalten dürfen. Eine solche Strategie wird sehr rasch kontraproduktiv und fördert Missbräuche. Wenn etwa die unselbstständigen Arbeitskräfte in ihrer Beweglichkeit beschränkt werden, aber die selbstständigen nicht, was liegt dann näher, als eine Schein-Selbstständigkeit vorzutäuschen, um auf diese Weise die Chance zu erhalten, dort arbeiten zu können, wo höhere Löhne in Aussicht stehen?

5 Eines der wesentlichen wirtschaftlichen Probleme der EU wird in den nächsten Jahrzehnten sein, dass dank der demografischen Entwicklung immer weniger erwerbstätige EU-Bürger immer mehr in Pension befindliche EU-Bürger finanziell erhalten werden müssen. Die einzige Alternative zu den sich daraus zwangsläufig ergebenden sozialen und politischen Verwerfungen kann vermutlich nur sein, die Einwanderungspolitik der EU radikal zu verändern und aus der Union ein Einwanderungsland wie die USA oder Australien zu machen. Wie erklärt man das dem Wähler, ohne ihm die ganze EU endgültig zu vermiesen und künftig Referendumsergebnisse à la Frankreich oder Niederlande geradezu zu provozieren? Oder gibt es Alternativen zu diesem politisch außerordentlich steinigen Weg?

Zu einer vernünftigen Einwanderungspolitik besteht keine Alternative. Darüber kann kein Zweifel bestehen, und das wird auch von der Bevölkerung in Europa akzeptiert werden, je deutlicher die Folgen der Überalterung sichtbar werden. Derzeit machen beispielsweise in Österreich die über 50-Jährigen rund ein Drittel der Bevölkerung aus, in den nächsten 25 Jahren wird dieser Anteil auf nahezu 50 Prozent der Bevölkerung steigen. Dieser Alterungsprozess hat enorme volkswirtschaftliche Auswirkungen. Experten schätzen, dass das europäische Wachstumspotenzial im alternden Europa deutlich zurückgehen wird – ein weiterer Faktor, der dazu beiträgt, dass Europa sich gegenüber den USA und Asien auf der Verliererstraße befindet, denn die Überalterung ist ein typisch europäisches Phänomen. Durch die traditionelle Einwanderungspolitik der USA hat beispielsweise deren Bevölkerung eine deutlich günstigere Altersstruktur.

Eine gute Einwanderungspolitik ist zur Lösung des Problems zwar essenziell, genügt aber alleine trotzdem nicht; dazu ist das Problem zu groß. Es muss einen vernünftigen Mix geben zwischen kluger Einwanderungspolitik und einer verbesserten Politik für die Familien und Teilfamilien. Hier sind es die mediterranen und skandinavischen Staaten, die gute Ansätze liefern, wie man es vor allem für Frauen möglich macht, sinnvoll Beruf und Familie zu kombinieren.

Ebenso sind die Zeiten der in Europa so geschätzten Frühpensionen endgültig vorbei. Im Gegenteil, die Menschen werden ganz einfach deutlich länger arbeiten müssen und nicht vor 70, wenn nicht gar 75 Jahren in Pension gehen können. Aufgabe der Sozialsysteme wird es sein, nicht nur mit der Tatsache umzugehen, dass mit dem steigenden Alter auch mehr Hochbetagte und Pflegebedürftige zu versorgen sein werden, sondern auch dafür zu sorgen, dass die Menschen im Alter möglichst lange gesund bleiben. Bereits in 15 Jahren nämlich werden mehr als 20 Prozent der österreichischen Bevölkerung über 80 Jahre alt sein, und allein in den nächsten 5 Jahren wird die Zahl der Pflegebedürftigen um 50 Prozent steigen – was extrem kostenintensiv werden wird. Ohne ausreichende Immigration wird das alles finanziell nicht zu bewältigen sein.

6 Die Pro-Kopf-Wirtschaftsleistung der EU liegt seit vielen Jahren bei nur rund 70 Prozent jener der USA, mit in letzter Zeit sogar sich leicht verschlechternder Tendenz. Gleichzeitig und wohl im Zusammenhang damit, liegt Europa bei Patentanmeldungen, der Zahl der Nobelpreisträger, den Zitierungen in Wissenschaftspublikationen konstant weit hinter Amerika.
Noch schlimmer: Heute gehen begabte junge Fachleute aus Österreich oder Deutschland bereits nach Indien oder China, um dort zu arbeiten.
Viel mehr als beschleunigte Arbeitserlaubnis- und Visa-Verfahren für Wissenschaftler ist der EU gegen diese Entwicklung noch nicht eingefallen.
Was müsste geschehen, um aus Europa wieder die führende Wissensregion der Welt zu machen?

Es stimmt bedauerlicherweise, dass unter den Top-10-Universitäten der Welt nur zwei europäische sind; es stimmt auch, dass europäische Forscher und Entwickler pro Jahr nur halb so viele Patente anmelden wie in den USA; und es ist auch richtig, dass europäische Forscher weniger oft in internationalen Fachjournalen zitiert werden als amerikanische.

Es stimmt aber auch, dass wir in der Europäischen Union nach wie vor doppelt so viele Ingenieure pro Jahr ausbilden wie in den USA; es stimmt auch, dass wir in zahlreichen Branchen nach wie vor die Nummer 1 in der Welt sind. Man braucht nur an die Automobilindustrie, an die Handyindustrie oder vor allem auch an die Umwelttechnologie zu denken. Diese Branchen beweisen, dass wir Europäer durchaus fähig sind, an die Weltspitze vorzustoßen und uns dort auch über lange Zeit zu halten. Wenn wir jedoch diese internationalen Erfolge verbreitern wollen und den Wettbewerb um die Zukunft gewinnen oder zumindest dabei mitmischen wollen, dann müssen wir tatsächlich noch viel größere Anstrengungen unternehmen, denn Wissen und Bildung sind die Stoffe, aus denen die Erfolge der Zukunft gemacht werden. Das gilt für den einzelnen Arbeitnehmer genauso wie für den Wirtschaftsstandort. Die Attraktivität eines Wirtschaftsstandorts hängt mehr und mehr von Innovationen und dem Bildungsgrad der dort Beschäftigten ab. Höhere Bildung bedeutet höheren Wohlstand. Jene Länder in Europa, in denen die Zahl der Hochschulabschlüsse in den letzten 10 Jahren um mehr als 5 Prozent gestiegen ist, weisen sinkende Arbeitslosenquoten auf. Jedes zusätzliche Jahr Bildung, das eine Bevölkerung im Durchschnitt genießt, lässt das Bruttoinlandsprodukt um 3 bis 6 Prozent höher ausfallen.

Forschung und Entwicklung müssen uns daher mehr wert sein, und zwar in einem doppelten Sinn: Zum einen ist es dringend erforderlich, die Forschungs- und Entwicklungsausgaben auf zumindest 3 Prozent des BIP anzuheben, was gegenüber dem derzeitigen Zustand für die gesamte Europäische Union eine Steigerung von immerhin 50 Prozent bedeutet. Zum anderen müssen diese vermehrten Mittel dann auch über einen besseren Forschungswettbewerb zum Einsatz kommen und dürfen nicht wie ein „warmer Regen" auf die europäischen Länder niedergehen. Zunehmend zeigt sich auch, dass eine intensive Verflechtung zwischen industrieller Forschung und Entwicklung und universitärer Forschung und Entwicklung notwendig geworden ist. Am leichtesten können sich Zentren durchsetzen, an denen alle für ein innovatives Unternehmen erforderlichen Elemente auf sehr hohem Niveau vereint sind. Martinsried bei München, Toulouse oder der Mailänder Raum sind dafür gute Beispiele. Die geballte Ladung an Brain-Power an einem Ort lässt nicht nur Synergien zu, sondern schafft eine neue Qualität von Innovationskompetenz.

7 Der ehemalige französische Finanzminister Dominique Strauss-Kahn vertrat schon vor dem französischen Verfassungs-Votum die Meinung, ohne politische Union würden die widersprüchlichen wirtschaftlichen Interessen der Mitglieder so stark werden, dass dies sogar den Euro gefährden könnte. Nun ist nach den Ereignissen des Jahres 2005 die politische Union auf absehbare Zeit außer Reichweite gerückt; was bedeutet das für die Entwicklung der gemeinsamen Währung wirklich? Der amerikanische Ökonomie-Nobelpreisträger Milton Friedman prophezeit dem Euro höchstens noch 15 Jahre Lebenszeit. In der Geschichte gibt es nur ganz wenige Fälle, in denen Währungsunionen ohne politische Union funktioniert haben; und wenn, dann nicht zwischen demnächst mehr als einem Dutzend Staaten.

„Abwarten und Tee trinken", antwortet hier der gelernte Österreicher. Die Europäische Union ist als Ganzes eine Innovation und ohne Referenzmodell in der Geschichte, daher ist es auch nicht möglich, Fehlschläge von Währungsunionen 1:1 auf die Europäische Union umzulegen. Im Verhältnis zu dem, was vorausgesagt wurde, ist jedenfalls der Start des Euro besser gelungen, als viele Experten prophezeit hatten, und jene, die im Euro nur eine weiche Währung sahen, wurden ebenfalls in der Zwischenzeit eines Bessern belehrt. Eines kann nicht bestritten werden: dass der politische Einigungsprozess Europas die schon vorhandene wirtschaftliche Einigung stärken wird. Das muss man vor allem jenen ins Stammbuch schreiben, die behaupten: Wirtschaftsunion – ja, politische Union – nein. Ebenso fällt auf, dass die größten Kritiker der politischen Union gleichzeitig selbst außerhalb der Eurozone geblieben sind, während der größte Teil der Eurozonenmitglieder gleichzeitig für eine politische Union und für eine weitere Vertiefung der Gemeinschaft eintritt. Solange die wirtschaftliche Entwicklung floriert und ein ausreichendes Wachstum gegeben war, war das alles übrigens kein Thema. Bewähren muss sich sowohl der Euro als auch die politische Einigung in Krisensituationen. Leider ist zu beobachten, dass schon die gegenwärtige Wachstumsschwäche ausreicht, um einzelne Spitzenpolitiker – etwa in Italien, aber nicht nur dort – in Versuchung zu bringen, laut darüber nachzudenken, ob es nicht doch besser wäre, weiterhin das Instrument der Währungspolitik in der nationalen Hand zu haben, um auf diese Weise ein zusätzliches Wirtschaftssteuerungsinstrument einsetzen zu können. In einer politischen Union sind solche Versuchungen sicher obsolet geworden. Wer „Ja" sagt zu Europa, sollte daher dieses „Ja" nicht auf wirtschaftliche Vorteile einengen.

8 In manchen Mitgliedsstaaten der EU deutet sich so etwas wie ein sozialer Aufstand gegen den als allzu stark empfundenen Globalisierungsdruck und die sich abzeichnende Zweidrittelgesellschaft an. Gleichzeitig bremst die gleiche politische Entwicklung, nicht zuletzt indem sie Populisten stärkt, die weitere Integration der EU und schwächt damit de facto deren Fähigkeit, den Prozess der Globalisierung wenigstens einigermaßen gestaltend zu begleiten. Wie kommt die EU aus diesem Dilemma heraus?

Um den Populisten und den falschen Propheten den Wind aus den Segeln zu nehmen, ist es immer noch das Beste, den Bürgern die ungeschminkte Wahrheit zu sagen. Man muss aber auch den Leuten die Konsequenzen diverser populistischer Versprechungen deutlich vor Augen führen. Wer etwa sagt, Europa sollte sich wirtschaftlich abschotten, muss aufgefordert werden zu erklären, wohin wir dann exportieren sollten. Wer sagt, wir könnten unsere Wirtschaft auch viel langsamer umbauen, muss erläutern, wie wir uns da noch im Wettbewerb behaupten könnten. Wer sagt, es ginge auch mit weniger Anstrengung und geringerem Risiko, muss zum Offenbarungseid aufgefordert werden, dass das Wohlstandsverlust, leere Staatskassen und möglicherweise noch mehr Arbeitslose bedeutet. Jede Veränderung in der Wirtschaft bringt Gewinner und Verlierer. Das Beharren auf überholten Konzepten produziert wesentlich mehr Verlierer als Gewinner. Das Wissen um diese Probleme bedeutet gleichzeitig aber auch eine hohe soziale Verantwortung. Es wäre gesellschaftspolitisch geradezu zynisch, die Wohlstandsverlierer mit einem Achselzucken abzutun und die Zweidrittelgesellschaft als etwas Unausweichliches zu akzeptieren. Das soziale Netz muss auch weiterhin so dicht geknüpft sein, dass nicht ein Drittel der Leute durchfällt.

9 Technischer Fortschritt und Globalisierung hatten zwangsläufig zur Folge, dass in den letzten Jahrzehnten zahlreiche Gruppen von Beschäftigten (wie etwa in der Textilindustrie) in Europa eindeutig zu Modernisierungsverlierern wurden, was allgemein als traurig, aber irgendwie unabänderlich eingeschätzt wurde und wird.
Mit einer einzigen Ausnahme: Den Bauern blieb ein derartiger Prozess zwar auch nicht ganz, jedoch weitgehend erspart, mit dem Ergebnis, dass sie heute im Schnitt zu 60 Prozent von Subventionen leben.
Entsteht damit angesichts der allgemeinen Verschärfung der wirtschaftlichen Lebensumstände nicht à la longue eine unhaltbare Ungleichbehandlung samt entsprechender politischer Risiken? Aufstand gegen die Bauern (und ihre Handlanger) statt Bauernaufstand?

Die größte Ungleichbehandlung vieler Bauern in etlichen EU-Staaten besteht wohl eher darin, dass sie weniger verdienen als der Durchschnitt. In Österreich beispielsweise ist das bäuerliche Einkommen im Schnitt um 30 Prozent niedriger als das der Industriebeschäftigten. Das bedeutet nichts anderes, als dass die Bauern teilweise ihre Existenz durch Wohlstandsverzicht erkaufen, wohl vor allem deshalb, weil sie keine Beschäftigungsalternative finden, aber auch teilweise deshalb, weil sie emotional ganz einfach an ihrem ererbten Grund und Boden enorm hängen. Gleichzeitig geht die Zahl der landwirtschaftlichen Betriebe pro Jahr um etwa 2 Prozent zurück, und der Trend zum Nebenerwerbs- und Hobbybauern setzt sich fort. Mittlerweile werden in Österreich bereits drei Viertel aller Betriebe als Nebenerwerbsbetriebe geführt, das heißt, dass der Hauptanteil des Einkommens außerhalb der Landwirtschaft erworben wird. Dazu kommt, dass Europa seine Agrarpolitik von Grund auf reformiert hat und dazu übergegangen ist, anstelle von Produktionszuschüssen die von der modernen Industriegesellschaft nachgefragten, öffentlichen Dienstleistungen zu bezahlen. Würde man diese Leistungsabgeltungen abschaffen, dann würde sich zwar der Strukturwandel noch stärker beschleunigen, aber mit einer völligen Industrialisierung der Landwirtschaft einhergehen.

Natürlich stimmt es, dass die Einkommenssituation der Landwirte nicht überall in Europa dieselbe ist. Während in Österreich die Durchschnittseinkommen der Bauern deutlich hinter den Einkommen der Industriebeschäftigten herhinken, ist beispielsweise im Vereinigten Königreich das genaue Gegenteil der Fall. Durch die Großstrukturen der britischen Landwirtschaft verdienen die Landwirte dort nach wie vor überdurchschnittlich viel, und es lässt sich daher leicht nachvollziehen, dass die Einstellung der britischen Öffentlichkeit gegenüber den Landwirten eine andere ist als in Österreich. So gesehen ist es sicher wichtig, auch in diesem Sektor eine soziale Balance zu halten. Das ist ohne Schwierigkeiten möglich, wenn man akzeptiert, dass Großbetriebe in Bezug auf Leistungsabgeltungen anders zu behandeln sind als Kleinbauern.

10 *Hielte das jeweilige derzeit zu verzeichnende Wirtschaftswachstum auch weiter so an, würde Litauen (das momentan ärmste EU-Mitglied) im Jahr 2032 ein höheres Pro-Kopf-Bruttosozialprodukt als Deutschland vorweisen können. Fast alle der 2004 beigetretenen ehemaligen kommunistischen Staaten weisen eine ähnliche Wachstumsdynamik aus. Welche Folgen könnte das langfristig für die Machtbalance innerhalb der Union haben? Löst die Achse Tallinn–Prag–Sofia–London eines Tages die müde Achse Berlin–Paris ab?*

Rechnerisch mag es zwar stimmen, dass im Jahr 2032 Litauen ein höheres Pro-Kopf-Bruttosozialprodukt haben könnte als Deutschland – eine solche Betrachtungsweise ist jedoch ziemlich realitätsfremd. Denn es ist eine Illusion zu glauben, dass in den neuen Mitgliedsstaaten die derzeitigen Wirtschaftswachstumsraten Ewigkeitscharakter haben. Man darf nicht vergessen, dass diese Staaten einen enormen Nachholbedarf haben und von einem viel niedrigeren Niveau gestartet sind. Das gesamte Bruttosozialprodukt der 10 neuen Mitgliedsstaaten war bei Eintritt in die Europäische Union nicht viel größer als das der Niederlande. In der weiteren Entwicklung wird sich jedoch sehr rasch herausstellen, dass auch in den neuen Mitgliedsstaaten die Konjunkturbäume nicht in den Himmel wachsen.

Wesentlich interessanter als solche theoretischen Prognosespiele ist die Frage: Welche Art von Wachstum kann in den alten und neuen Mitgliedsstaaten erzielt werden? Ist die Qualität des Wachstums in den neuen Mitgliedsstaaten anders als in den alten? Von daher entsteht eher ein wachsender Druck auf die alten Mitgliedsstaaten, weil die neuen nicht nur bereit sind, sich mehr anzustrengen und ihr Wachstum unter teilweise härteren Wettbewerbsbedingungen zustande zu bringen, sondern auch, weil sie mehr Neuinvestitionen haben als die alten. Ähnliches haben wir nur in Deutschland am Beginn des Wirtschaftswunders erlebt.

2. Kapitel

Der Streit um die Finanzen oder: „Alle sind sich einig – jeder soll zahlen – nur ich bitte nicht“

Wie weit die EU noch davon entfernt ist, so etwas wie ein Staat zu sein, lässt sich nicht zuletzt anhand der Art und Weise ermessen, wie sie ihre Finanzierung besorgt. Denn im Gegensatz zu einem Staat darf sie weder Kredite aufnehmen noch verfügt sie über eigene Steuern oder Abgaben, die von den Bürgern direkt an die Union geleistet werden.
Stattdessen verfügt sie über andere Finanzquellen:

- im Wesentlichen „Mitgliedsbeiträge“ der einzelnen Staaten, die sich an deren jeweiliger wirtschaftlichen Leistungsfähigkeit orientieren,
- einen variablen Prozentsatz des jeweiligen nationalen Mehrwertsteueraufkommens, der an die EU abgeführt wird und in Zukunft 0,3 Prozentpunkte betragen wird,
- sowie ein ständig geringer werdendes Aufkommen aus Zöllen und ähnlichen Abgaben, die direkt der Union zufließen.

In der Hauptsache bestreitet die EU mit diesen Mitteln die Kosten der Agrarpolitik (rund 42 Prozent aller Kosten) sowie jene der verschiedenen Programme zur besseren wirtschaftlichen Entwicklung der EU und besonders der wirtschaftlich benachteiligten Regionen (37 Prozent); kleinere Kosten verursachen Forschungsinvestitionen (6 Prozent) und die Unterstützung von Drittländern (5 Prozent) sowie die Verwaltung (unter 5 Prozent). Annähernd 90 Prozent des EU-Budgets fließen also in Form von Förderungen wieder in die Mitgliedsstaaten zurück.

Im Vergleich zu den nationalen Haushalten ist das EU-Budget übrigens eher bescheiden dimensioniert: Werden im EU-Schnitt 45 Prozent des in einem Land erwirtschafteten Sozialproduktes an den Staat abgeführt, muss sich die EU mit rund einem Prozent begnügen.

Die Konflikte ums Geld verlaufen im Wesentlichen entlang zweier Bruchlinien: einerseits zwischen Nettozahlern und Nettoempfängern, andererseits zwischen Kommission und Mitgliedsstaaten.

Angesichts einer immer größer werdenden Union, der immer mehr Aufgaben übertragen werden, argumentiert die EU-Kommission regelmäßig, mehr Geld zu brauchen.

Ebenso regelmäßig wollen ihr die Finanzminister der Mitgliedsstaaten diese zusätzlichen Mittel mit dem Hinweis auf den auch von der EU (bzw. der EZB) ausgehenden Zwang, die nationalen Budgets in Ordnung zu bringen, nicht oder nicht ausreichend zur Verfügung stellen.

Dazu kommt, dass angesichts der allgemein knappen Kassen auch die Lust der Nettozahler, Geld für die Entwicklung der ärmeren Regionen der EU beizusteuern, nicht gerade wächst (und auch nicht durch den Umstand gefördert wird, dass gerade die ärmeren Länder Osteuropas versuchen, mit niedrigen Steuern Arbeitsplätze anzulocken, die dann in den Nettozahler-Staaten fehlen).

Schließlich wird der so genannte „Britenrabatt“ von allen anderen Nettozahlern als Provokation empfunden. Es war daher allerhöchste Zeit, dass der britische Premierminister Tony Blair in den Verhandlungen über die finanzielle Vorausschau zumindest ein Teilzugeständnis gemacht hat.

Zu allem Überfluss wird die Problematik noch weiter durch das Auftreten populistischer Parteien verschärft, die Zahlungen an die EU grundsätzlich als unnütz denunzieren und damit Druck auf die Regierungsparteien ausüben, im Zweifelsfall eher kleinlich gegenüber der EU zu agieren.

Dass das System der Finanzierung äußerst unbefriedigend

ist, hat sich erst in den Tagen vor Weihnachten 2005 wieder gezeigt, als nur unter Aufbietung aller Kräfte ein Kompromiss über den EU-Haushalt der Jahre 2007–2013 erreicht werden konnte, der letztlich für keinen der Beteiligten zufrieden stellend war.

11 Die EU gibt noch immer fast die Hälfte ihres Budgets für die Landwirtschaft aus und einen weiteren großen Happen für regionale Entwicklung in einzelnen Mitgliedsstaaten. Das mag vielleicht historisch begründet sein, ist aber letztlich ein Relikt und spiegelt überhaupt nicht die wichtigsten Aufgaben einer Europäischen Union wider. Warum ändert sich trotzdem so wenig in der Verteilung der Mittel?

Wenn das Budget in Zahlen gegossene Politik ist, wie immer wieder behauptet wird, dann muss das EU-Budget auch die europäischen Kompetenzen widerspiegeln.

Bis heute ist die Agrarpolitik die einzige voll integrierte Politik der Union geblieben, und bis heute ist die Strukturpolitik Ausdruck europäischer Solidarität. Will man daher eine andere Mittelverteilung, muss man zuerst eine andere Aufgabenverteilung zwischen Europa und den Nationalstaaten beschließen.

Es ist schon richtig, dass das bisher ständig gebrauchte Argument: „Die Agrarmittel müssen zentral verteilt werden, sonst kommt es zu Wettbewerbsverzerrungen“ seit der Agrarreform wesentlich an Bedeutung verloren hat. Nachdem die neue Form der Direktzahlung in der WTO als nicht wettbewerbsverzerrend anerkannt ist, muss dasselbe auch für den Binnenmarkt gelten. So gesehen spricht ökonomisch nichts gegen eine stärkere Rückverlagerung von Agrarzahlungen auf die Mitgliedsstaaten.

Andererseits spricht sehr viel dafür, zum Beispiel die Forschungsförderung stärker auf die europäische Ebene zu verlagern; denn jeder Euro, der auf der europäischen Ebene im Rahmen eines europäischen Forschungsverbunds und Forschungswettbewerbs investiert wird, ist besser und effizienter angelegt als derselbe Euro, wenn er in nationale Forschungspolitik investiert wird, die einem solchen Wettbewerb nicht ausgesetzt ist.

Leider sind die einzelnen Mitgliedsstaaten im Streit um das EU-Budget 2007–2013 nicht so sehr von derartigen grundsätzlichen Überlegungen ausgegangen, sondern eher von kurzfristigen, der jeweiligen Geldknappheit geschuldeten.

Das große Beharrungsvermögen der Finanzminister bei der Neugestaltung der EU-Finanzen ist nur verständlich, wenn man berücksichtigt, dass jede Umgestaltung der Budgetstruktur auch entsprechende Umverteilungseffekte mit sich bringt und damit in Bezug auf die Nettozahler-Position Gewinner und Verlierer produziert. Nachdem es aber einstimmige Beschlüsse braucht, winkt jeder potenzielle Verlierer sofort mit der Vetokeule. So gesehen verhält sich niemand grundsätzlich anders als die Briten, keiner ist bereit, auf seine finanziellen Vorteile zu verzichten.

Wenn es aber sinnvoll und sogar Kosten sparender ist, stärker europäisch zu handeln, dann führt das logischerweise auch dazu, dass sich die nationalen Haushalte Ausgaben sparen können. Verstehen kann man diese Position daher nur, wenn man die Nöte der Finanzminister, ausgeglichene Haushalte zu erreichen, mit ins Kalkül zieht und berücksichtigt, dass auch für die Finanzminister das Prinzip gilt, dass das Hemd näher als der Rock ist. Wie soll man denn schließlich im nächsten Wahlkampf argumentieren, wenn es darum geht nachzuweisen, was die nationale Regierung alles unternommen hat, um die vorhandenen politischen Probleme zu lösen? Man versteht daher auch, dass die Bereitschaft, grundsätzliche Änderungen an der Budgetstruktur der Europäischen Gemeinschaft vorzunehmen, nicht sehr ausgeprägt ist. Dieses politische Dilemma wird schließlich noch dadurch verstärkt, dass die Budgetpläne von allen Mitgliedsstaaten einstimmig im Rahmen eines Gipfels, das heißt von den Regierungschefs selbst im Beisein ihrer Finanzminister, beschlossen werden müssen.

12 *Die Landwirtschaft ist die mit Abstand durchsetzungskräftigste soziale Gruppe in der Union, trotz der sinkenden Anzahl an Bauern und dem relativ kleinen Beitrag zum Bruttosozialprodukt. Warum setzen gerade die Bauern ihre finanziellen Interessen so effizient um, und warum setzt ihnen die EU so wenig Widerstand entgegen?*

Als man in der Europäischen Wirtschaftsgemeinschaft begonnen hat, einen gemeinsamen Markt aufzubauen, hat man sich als Erstes für die Integration der Landwirtschaft entschieden. Verständlich, wenn man bedenkt, dass zur Gründerzeit Europa nicht in der Lage war, sich selbst zu ernähren. Daher stand auch am Beginn der gemeinsamen Agrarpolitik das Bestreben, die Produktion zu steigern, um die Mägen der Europäer satt zu kriegen.

Das Konzept war sehr einfach: Hohe Preise sollten den notwendigen Anreiz schaffen, dass die Landwirte mehr produzieren, und das ist auch sehr rasch gelungen. In der Folge war man allerdings nicht in der Lage, diese riesige Produktionsmaschine zu stoppen, und das hat dazu geführt, dass die Ausgaben für die Intervention auf dem Markt und die Ausgaben für die Exportförderung mit der Zeit explodierten. In den 80er Jahren wurden nahezu 90 Prozent des Agrarbudgets für die Bewältigung der Getreide- und Fleischberge und für die Exportförderung zu Dumpingpreisen aufgewendet. Mit der wachsenden internen, aber auch internationalen Kritik stieg der Druck, Reformen durchzuführen. Seit der „Mac-Sharry-Reform" von 1992 werden daher etwa zwei Drittel der Agrarausgaben in Form von Direktzahlungen geleistet. Diese Reform wurde dann zur Jahrtausendwende mit der „Agenda 2000" noch weiter vertieft und durch Ausgaben für die ländliche Entwicklung, wie die Bergbauernförderung und die Agrarumweltzahlungen, ergänzt.

Die Reform des Jahres 2003 brachte dann schließlich den großen Umschwung. Seither werden die Landwirte im Wesentlichen nur mehr für ihre Landschaftspflegeleistungen, ihre Umweltleistungen und Ähnliches bezahlt, nicht mehr jedoch angebunden an die Produktion. Würde man diese Zahlungen streichen, hätte das eine völlige Industrialisierung der Landwirtschaft zur Folge, und die Bauern in den ungünstigen Produktionslagen wären zum Aufgeben gezwungen.

Genau das aber will die moderne Gesellschaft nicht, denn unsere heutige Sorge gilt nicht mehr so sehr der Frage, ob wir genügend zu essen haben, sondern mehr und mehr der Frage, wie man das Land attraktiv erhalten kann, wie man sicherstellen kann, dass die Landschaften ihre Vielfalt, ihre Qualität und vor allem ihre Erholungswirkung behalten, und was zu tun ist, auch in einem intensiv besiedelten Raum wie Europa Landwirtschaft und hohe Umweltqualität zu kombinieren. Mit dieser Reform ist Europa den USA zum ersten Mal voraus; denn in den USA wird nach wie vor produktionsbezogen und umgerechnet auf den einzelnen Betrieb zehnmal so hoch gefördert wie in der EU.

Wie viel Geld ist notwendig, um die öffentlichen Dienstleistungen der Landwirtschaft zu sichern? Die gute Nachricht ist, dass verglichen mit der Wirtschaftskraft Europas der notwendige Aufwand dank der modernen Entwicklung der Landwirtschaft immer kleiner wird. Mussten vor der Reform des Jahres 1992 auf EU-Ebene noch mehr als 0,6 Prozent des europäischen GDP für die Landwirtschaft aufgewendet werden, so sind es derzeit nur mehr knapp 0,4 Prozent, und wenn die im Jahr 2003 beschlossene Reform voll umgesetzt ist, werden es gar nur mehr 0,3 Prozent sein.

Dazu wurde – bereits als Teil der Reform – auch eine neue Finanzdisziplin beschlossen: ein Instrument, das sicherstellt, dass die Agrarminister in Zukunft nicht mehr auf die Idee kommen können, ihre Probleme mit zusätzlichen Ausgaben zu lösen.

13 Derzeit scheint sich die EU nach dem Scheitern der Verfassung wieder ein Stück mehr in Richtung auf eine bessere Freihandelszone ohne politische Union hin zu bewegen. Warum sollen Nettozahler wie Deutschland oder Österreich für eine derartige bloße Freihandelszone jedes Jahr hohe Beiträge leisten?

Solange die Europäische Union als eines ihrer Hauptziele hat, eine Solidargemeinschaft zu bilden, muss es im Budget Nettozahler und Nettoempfänger geben. Nur wenn die reichen Mitgliedsstaaten mithelfen, dass die ärmeren Mitgliedsstaaten eine Chance bekommen aufzuholen, und nur wenn ein Beitrag geleistet wird, dass diese ihre strukturellen Mängel beseitigen können, wird die Gemeinschaft dem Anspruch einer Solidargemeinschaft gerecht. Das Problem kann daher nicht sein, ob es Nettozahler gibt, sondern wie die Nettozahlerleistungen gestaltet werden und welche Dimension sie haben.

Die Debatte über die Nettozahler hat vor allem aus zwei Gründen an Brisanz zugenommen: Zum einen treten in Folge der Ost- und Südosterweiterung nur ärmere Staaten der Europäischen Union bei, es steigt daher konsequenterweise die Zahl der Nettoempfänger. Zum anderen bleibt der „Britenrabatt“ aufrecht, mit der Konsequenz, dass eines der reichsten EU-Länder nur einen sehr geringen Solidaritätsbeitrag leistet.

14 *Die EU-Kommission plant, zwischen 2007 und 2013 mehr als die Hälfte der Mittel für die Regionalförderung in den alten Mitgliedsländern auszugeben und weniger als die Hälfte in den viel ärmeren postkommunistischen Staaten. Warum werden diese Mittel so unfair verteilt?*

Hier darf man vor allem eines nicht übersehen, nämlich dass auch in der alten EU nach wie vor große Gebiete mit Entwicklungsrückständen vorhanden sind. Man braucht nur an Süditalien, Südspanien, Griechenland, Portugal oder die neuen Bundesländer in Deutschland zu denken. Andererseits handelt es sich bei den meisten neuen Mitgliedsstaaten um kleine Länder.

Die EU handelt hier nicht unfair. Alle Regionen mit Entwicklungsrückständen bekommen grundsätzlich gleich gute Förderbedingungen, egal wo sie liegen.

Das wichtigste Instrument für diese Art von Strukturförderung sind die Strukturfonds. Es ist vorgesehen, dass etwa 80 Prozent der in den Strukturfonds enthaltenen Mittel in die benachteiligten Gebiete fließen sollen.

Für die neuen Mitgliedsstaaten ist man sogar zu ihren Gunsten von der bisherigen Regel etwas abgewichen. Diese dürfen künftig ihre Entwicklungsprojekte zu einem höheren Prozentsatz (85 Prozent) mit EU-Geld finanzieren, dürfen auch die Wohnraumbeschaffung fördern und können sich mit der Realisierung der Projekte jeweils um ein Jahr länger Zeit lassen. Ohne diese Sonderkonditionen wären sie wahrscheinlich gar nicht in der Lage, die zur Verfügung stehenden Mittel sinnvoll auszugeben.

Die Politik des sozialen Zusammenhaltes hat in Europa durchaus Früchte gezeigt, wenn man etwa an Irland denkt, das noch in den 70er Jahren als eines der Armenhäuser Europas gegolten hat und heute eine der wohlhabendsten Regionen der EU ist. Ein anderes Beispiel ist die Region um Lissabon. Vor zehn

Jahren noch war das durchschnittliche Pro-Kopf-BIP der Region Lissabon um die Hälfte niedriger als der europäische Durchschnitt. In kürzester Zeit ist es dieser Region gelungen, auf das europäische Durchschnittsniveau zu kommen. Man kann daher auch davon ausgehen, dass in den kommenden Jahren einige Regionen der neuen Mitgliedsstaaten eine ähnlich positive Entwicklung durchmachen werden.

Wichtig ist allerdings auch – und hier versucht die Kommission konsequent zu sein –, dass dann, wenn eine Region aufgeholt hat, eine Evaluation erfolgt und die Intensivförderung nicht mehr weiter fortgesetzt wird.

15 *Großbritannien bekommt seit 1984 einen mehrere Milliarden Euro schweren Rabatt auf seine Beiträge an die EU. Das Land ist heute reicher als Deutschland, Schweden oder die Niederlande. Warum wird dieser Rabatt nicht endlich gestrichen und stattdessen über eine Erhöhung der Beiträge aller anderen Staaten diskutiert?*

„I want my money back", war Anfang der 80er Jahre die resolute Forderung der damaligen Premierministerin des Vereinigten Königreiches, Margaret Thatcher, der sie auch noch regelmäßig dadurch Nachdruck verlieh, dass sie ihre altmodische Handtasche auf den Brüsseler Verhandlungstisch knallte, wenn sie einen Beitragsrabatt für Großbritannien verlangte. Ihr Argument: Ihr Land würde kaum von der gemeinsamen Agrarpolitik profitieren und sollte daher nur entsprechend niedrigere Beiträge einzahlen. Am Ende setzte sich die energische Lady Thatcher prompt durch, und es kam 1984 zur so genannten „Fontainebleau-Vereinbarung". Seither ist dieser dort vereinbarte „Britenrabatt" auf insgesamt etwa fünf Milliarden Euro pro Jahr angestiegen.

Der überaus komplizierte Rechenmechanismus, mit dem man diesen Rabatt Jahr für Jahr ausrechnet, hat aufgrund seiner Konstruktion eine wichtige Konsequenz: Wenn in einem bestimmten Jahr mehr Agrargeld in das Vereinigte Königreich fließt (etwa wegen der BSE-Krise), wird der Rabatt reduziert, und der britische Beitrag steigt. Das bedeutet gleichzeitig, dass neue Agrarmaßnahmen, die spezifisch für das Vereinigte Königreich ergriffen werden, wie sie zur Bekämpfung von BSE oder später auch der Maul- und Klauenseuche notwendig gewesen waren, im jeweiligen Folgejahr zu drei Viertel vom Vereinigten Königreich durch höhere Beiträge selbst finanziert werden müssten.

Die übrigen Mitgliedsstaaten sind sich längst einig, dass der „Britenrabatt" völlig antiquiert ist und nach Möglichkeit abgeschafft, zumindest aber reduziert werden soll. Das ist aber politisch schwierig durchzusetzen, weil bekanntlich für das Zustandekommen der finanziellen Vorausschau das Einstimmigkeitsprinzip gilt. Rücksichtslos eingesetzt ist dieses Prinzip ein enormes Machtinstrument, was zuletzt Premierminister Tony Blair bei den Verhandlungen um die finanzielle Vorausschau gezeigt hat.

Was nun? Leider hat man eine gute Gelegenheit ungenutzt verstreichen lassen. Denn die vergangenen Erweiterungsrunden wären eine Chance gewesen, um das Vereinigte Königreich, das ja als der größte Erweiterungsbefürworter gilt, dazu zu bringen, wenigstens in der Finanzierung der Erweiterung solidarisch zu sein und auf den Rabatt zu verzichten. In den jüngsten Verhandlungen hat dies Premierminister Tony Blair zumindest teilweise anerkannt. Bis zum Jahr 2013 soll der Rabatt auf die Zahlungen an die neuen Mitgliedsstaaten nicht mehr angewendet werden – mit Ausnahme der Agrarzahlungen, diese bleiben Bestandteil des Rabatts.

16 Die EU-Kommission verlangt eine Erhöhung ihres Budgets mit dem Argument, auch die Aufgaben der Union hätten an Umfang zugenommen. Wäre es da nicht irgendwie nahe liegend, im Gegenzug schrumpfende Budgets in den Nationalstaaten zu sehen, was aber nicht wirklich der Fall ist?

Die größte Ausweitung an Ausgaben bringt natürlich die Erweiterung um bald 12 Staaten mit sich. Aber es stimmt ebenfalls, dass der EU immer neue Aufgaben übertragen werden. So erfordert allein die Stärkung der Wettbewerbsfähigkeit, des Wachstums und der Beschäftigung mehr Mittel für Forschung und technologische Entwicklung, für die transeuropäischen Netzwerke und für die Qualität der Allgemein- und Berufsbildung. Man ist sich in der EU ja grundsätzlich einig, dass Europa zumindest drei Prozent des BIP in die Forschung investieren müsste, was derzeit allerdings bei weitem noch nicht der Fall ist.

Europa soll in erster Linie Großforschungsprojekte, die auf nationaler Ebene nur sehr schwer umsetzbar sind, fördern. Zum Beispiel:

- die Entwicklung von europäischen Großlaser- und Neutronenquelleneinrichtungen,
- die Entwicklung einer neuen Generation von sauberen und wirtschaftlicheren Flugzeugen,
- die Einführung neuer Energieversorgungssysteme wie Wasserstofftechnologie oder Solarenergie,
- und schließlich sollen auch so genannte „Europäische Exzellenzzentren" mithelfen, um auf dem Gebiet der Umwelt- und Klimaforschung, der Informations- und Kommunikationstechnik, der Medizin- und Nahrungsmittelforschung oder der Erforschung neuer Materialien für die Industrie voranzukommen.

Für Österreich sind außerdem die neuen Schwerpunkte im Bereich der transeuropäischen Netzwerke von besonderer Bedeutung. In diesem Rahmen soll nämlich die Finanzierung für die Errichtung des Brenner-Basistunnels auf den Weg gebracht werden.

Im Bereich der Verbesserung der Bildungsbedingungen ist geplant, dass bis 2010 drei Millionen Studenten einen Teil ihrer Studienzeit im Ausland absolvieren sollen, jährlich bis zu 150.000 Jugendliche in der Berufsausbildung von mehr Mobilität profitieren und 50.000 Erwachsene an Mobilitäts-Maßnahmen im Rahmen des lebenslangen Lernens teilnehmen sollen.

In der Sozialpolitik geht es um die Prävention und die Festlegung von Mindestnormen für Sicherheit und Gesundheitsschutz; auf diese Weise soll die Zahl der Arbeitsunfälle weiter deutlich reduziert werden.

Ein zweiter Schwerpunkt des Budgets 2007–2013 der EU wird sein, eine bessere Koordination im Bereich der inneren Sicherheit zu erreichen. Ziel ist die Errichtung einer europäischen Grenzagentur, die dazu dienen soll, den Aufbau einer europäischen Grenzschutzeinheit zu beginnen und die nationalen Behörden bei der Überwachung der Außengrenzen der Gemeinschaft zu unterstützen. Ebenso dringend notwendig ist die Koordination der Einwanderungspolitik und eine bessere Bekämpfung der internationalen Kriminalität.

Und für eine größere Rolle, die die Europäische Union in der Welt spielen möchte, sind ebenfalls zusätzliche Mittel, insbesondere zur Realisierung einer „Neuen Nachbarschaftspolitik", notwendig. Das ist vor allem auch deshalb wichtig, weil nur seriöse Alternativen zum Beitritt die Zahl der künftigen Erweiterungsrunden in Grenzen halten können.

Hier ist allerdings das Verhandlungsergebnis enttäuschend ausgefallen. Die Mittel für die internationalen Belange wurden nicht nur nicht aufgestockt, sondern sogar gekürzt.

Eines ist aber jedenfalls völlig richtig: Wenn Aufgaben, die auch Kosten verursachen, von den Mitgliedsstaaten auf die EU übertragen werden, dann muss das auf der nationalen Ebene zu Einsparungen führen. In Summe sollen die Einsparungen sogar größer sein, denn mit der Zuständigkeitsübertragung sollte ja zusätzlich ein Effizienzgewinn einhergehen.

17 Ein allfälliger Beitritt der Türkei würde wohl Kosten in vollkommen unabsehbarer Höhe mit sich bringen. Sollen diese Mittel aufgebracht werden, indem die Beiträge der Nettozahler noch weiter erhöht werden oder indem die Leistungen an die derzeitigen Mitglieder erheblich gekürzt werden – und wie will man das dem Wähler außerhalb von Berlin-Kreuzberg erklären?

Nachdem die Türkei zu dem Zeitpunkt, zu dem eine Aufnahme überhaupt denkbar wäre, also in rund 15 Jahren, zumindest 90 Millionen Einwohner haben und ein erheblicher Teil der Bevölkerung immer noch Bauern sein wird, kann man wohl davon ausgehen, dass die Anwendung des Gemeinschaftsrechtes auf die Türkei nicht viel weniger kosten wird als die letzte Erweiterungsrunde. Falsch ist jedoch die Annahme, dass man sich diese Kosten völlig erspart, wenn man die Türkei nicht in die Europäische Union aufnimmt. Denn es gibt klare politische Versprechen gegenüber der Türkei, die Entwicklung der türkischen Volkswirtschaft auch finanziell zu fördern. Die Nichtaufnahme der Türkei in die Gemeinschaft würde daher lediglich bedeuten, dass man nur die Differenz der Kosten zwischen der Mitgliedschaft und jener der „Neuen Nachbarschaftspolitik" einsparen würde. Eine Berechnung dieser Kosten ist zurzeit unmöglich, weil die Europäische Union ihre Strategie noch nicht ausreichend definiert hat. Der Hauptunterschied wird allerdings sein, dass im Falle der Mitgliedschaft die europäischen gesetzlichen und finanziellen Verpflichtungen anzuwenden sind, während die „Neue Nachbarschaftspolitik" letztlich auf ein Abkommen hinausläuft, in dem aller Wahrscheinlichkeit nach ein Pauschalbetrag festgelegt würde, der jährlich unter bestimmten Bedingungen der Türkei zur Verfügung stünde. Europa wäre im Übrigen schlecht beraten, hier sehr knauserig zu sein, denn in der Regel funktioniert diese Art von Politik so wie seinerzeit der „Marshall-Plan“ nach dem Zweiten Weltkrieg für Europa: Auch damals ist viel Geld direkt oder indirekt – etwa über Aufträge an US-Unternehmen – wieder in die USA zurückgeflossen, sodass der „Marshall-Plan“ ökonomisch zu einer Win-win-Situation geführt hat.

Es ist auch zu hoffen, dass bis dahin auf jeden Fall ein neues Finanzierungskonzept in Kraft sein wird, was Spekulationen über Nettozahleranteile aus heutiger Sicht nicht nur unmöglich, sondern auch sinnlos erscheinen lässt.

18 *Die EU verfügt derzeit über keine eigenen Steuereinnahmen. Wäre es sinnvoll, ihr das Recht zu geben, die Bürger und Unternehmen der EU in irgendeiner Form direkt zu besteuern, wie das immer wieder vorgeschlagen wird, zum Beispiel durch eine Abgabe auf Flugtickets oder auf bestimmte Finanztransaktionen?*

Sollte so etwas eingeführt werden, schlagen Steuerexperten drei Möglichkeiten vor: erstens eine EU-Körperschaftsteuer, zweitens eine EU-Mehrwertsteuer (derzeit führen die Mitgliedsstaaten einen kleinen Teil der Mehrwertsteuer an die Union ab) oder drittens eine unionsweite Energiesteuer.

Einen besonders interessanten Ansatz hat der österreichische Bundeskanzler Schüssel in die Debatte geworfen. Er plädiert dafür, zumindest einen Teil der EU-Finanzierung über eine Abgabe auf Kapitaltransfers aufzubringen. Dieser Ansatz hatte zudem den Charme, dass er endlich auch mehr Transparenz in die internationalen Zahlungsflüsse bringen würde. Vielleicht ist er gerade deshalb in Finanzkreisen so unbeliebt. Im Übrigen ist auch längst schon der Nachweis erbracht, dass Europa ohne Schaden eine solche Regelung durchaus selbstständig einführen kann und nicht, wie immer wieder behauptet wird, auf die Amerikaner warten muss.

In jedem Fall brauchte die Steuerbelastung der Bürger deshalb grundsätzlich nicht zu steigen, weil die EU-Steuer durch eine entsprechende Senkung der nationalen Steuern ausgeglichen werden könnte. Es geht ja in Summe nicht um mehr Steuer, sondern um eine andere und für den Bürger besser nachvollziehbare Art der Aufbringung der europäischen Finanzierung.

Sicher keinen Sinn macht es, dass die EU selbst als Steuerbehörde auftritt. Erstens ist die Europäische Union dazu nie in der

Lage, und zweitens ist es effizienter und kostengünstiger, die Eintreibung der Steuern von nationalen Steuerbehörden durchführen zu lassen. Nach den Beschlüssen von Brüssel herrscht jedenfalls Einigkeit darüber, dass die Kommission (zusammen mit dem Rat und dem Parlament) beauftragt wird, Vorschläge auszuarbeiten, die dann in der nächstfolgenden EU-Budgetplanung berücksichtigt werden könnten.

19 Europas wichtigste Volkswirtschaften mit Ausnahme Großbritanniens stecken seit Jahren in einer Krise. Droht nicht, wenn sich daran nichts ändert, eine Art „Rette-sich-wer-kann-Stimmung“ zu entstehen, in der die Finanzierung der EU-Agenden nicht mehr darstellbar wird?

Genau darum geht es bei dem Auftrag der Regierungschefs an die Kommission. Man hat endlich erkannt, dass weder mit ein paar Korrekturen bei einzelnen Ausgabenpositionen noch mit der Art der derzeitigen Finanzierung eine zukunftsvolle EU gestaltet werden kann. Einige Hinweise wurden schon gegeben, wie der Ausgabenrahmen umgestaltet werden könnte und wie man die Einnahmenseite so reformieren könnte, dass der Begriff „Eigenmittel“ angebracht ist.

Was es aber zu allererst braucht, ist eine klare Antwort auf die Frage: Wer macht was? Zuerst müssen die Aufgaben für die EU-Ebene klar sein, dann kann man ausrechnen, was diese kosten und schließlich überlegen, wie man das Geld dafür aufbringt.

Nur eine Illusion sollte man von vornherein gar nicht aufkommen lassen: dass jeder mehr herausbekommt, als er in die EU einzahlt. Es muss und wird immer Nettozahler geben, ansonsten ist es ganz einfach nicht möglich, Solidarität mit den Schwächeren zu üben, und die EU würde über kurz oder lang auseinander fallen.

20 *Alle Politiker sind sich einig, dass Europa nur dann wirtschaftlich bestehen kann, wenn es viel mehr Geld in Forschung und Bildung investiert. Warum gibt die EU noch immer viel mehr Geld für die Förderung von Betonprojekten wie Autobahnen aus als für Universitäten oder Forschungseinrichtungen?*

„Wissen ist Gold“: Das gilt für den Einzelnen ebenso wie für den Wirtschaftsstandort Europa. Auf global vernetzten Märkten nimmt der Wettbewerbs- und Innovationsdruck dramatisch zu. Die Produktionszyklen verkürzen sich rasant. Automodelle zum Beispiel werden heute in knapp zwei Jahren entwickelt. Daimler Chrysler macht 80 Prozent seines Umsatzes mit Produkten, die jünger als fünf Jahre sind. Dass Innovation und Forschung die Wirtschaft stimuliert, Wachstum kreiert und die Arbeitslosigkeit bekämpfen hilft, ist erwiesen. Beispielsweise weisen Länder mit stark steigenden Zahlen an Hochschulabschlüssen sinkende Arbeitslosenquoten und steigende Einkommen auf. Bewiesen ist, dass jedes zusätzliche Jahr Bildung, das eine Bevölkerung im Durchschnitt genießt, das Bruttoinlandsprodukt um 3 bis 6 Prozent anheben kann.

Sieht man sich in Europa um, dann fällt auf, dass gerade forschungs- und bildungsintensive Länder wie Finnland und Irland besonders erfolgreich abschneiden. Auf der anderen Seite beginnt jedoch unsere Gesellschaft auch bildungsmäßig immer weiter auseinander zu fallen. Die Aufsteiger genießen zwar immer mehr Bildung, gleichzeitig nimmt aber auch das Analphabetentum zu. Jedenfalls kann es keinen Zweifel daran geben, dass es für die Volkswirtschaften Europas von fundamentaler Bedeutung ist, die Mittel für Forschung und Entwicklung deutlich zu erhöhen. Politisch umstritten ist jedoch, ob dies eher aus den nationalen Budgets dotiert werden soll oder aus dem europäischen Haushalt. Viel spricht für das europäische Budget, weil Großforschungsprojekte sich nur europäisch organisieren lassen, und weil ein europaweit gut organisierter Forschungswettbewerb dafür sorgt, dass europäisch eingesetzte Mittel eine höhere Effizienz haben.

Aus den Forschungsergebnissen müssen jedoch dann erst wirtschaftlich erfolgreiche Produkte gemacht werden. Dafür braucht es innovative und risikobereite Unternehmer, mehr Risikokapital und entsprechend aus- bzw. weitergebildetes Personal. „Lebenslanges Lernen“ ist zwar schon längst ein politisch routinemäßig vorgetragener Slogan, aber bei weitem noch nicht realisierte Politik. Sosehr es richtig ist, die Forschung europäisch stärker zu organisieren und zu finanzieren, sosehr ist es aber angebracht, die Aus- und Weiterbildung in der nationalen Zuständigkeit zu lassen. Denn hier kommt es vielmehr auf günstige Zugangsmöglichkeiten zu den Bildungseinrichtungen an und auf eine entsprechende, dem nationalen Umfeld angepasste, pädagogische Aufbereitung der Wissensvermittlung. Während in der Forschung Effizienz in einem größeren Wettbewerbsumfeld entsteht, entsteht in der Bildung Effizienz durch Bürgernähe. Als europäische Aufgabe bleibt hier nur die Notwendigkeit, die Ausbildungen untereinander vergleichbar zu machen, damit etwa ein deutscher Ingenieur in Spanien arbeiten kann und umgekehrt.

3. Kapitel

Vom Versuch zu duschen, ohne dabei nass zu werden: Wie betreibt man gemeinsame Aussenpolitik, ohne gemeinsame Aussenpolitik zu betreiben?

Jeder halbwegs politisch interessierte Europäer musste in den Tagen vor dem Angriff der US-geführten Koalition auf den Irak Saddam Husseins am 20. März 2003 mehr oder weniger das gleiche Gefühl empfinden: dass die Europäische Union plötzlich verschwunden war, als hätte es sie nie gegeben. Außer ein paar im Grunde unverbindlicher Formulierungen, die der Hoffnung Ausdruck verliehen, der Friede möge in letzter Minute doch noch gerettet werden, war aus Brüssel nichts zu hören – von Taten ganz zu schweigen.

Das lag jedoch weniger daran, dass die Kommission oder einzelne ihrer Mitglieder nichts zu sagen gehabt hätten, sondern daran, dass Außenpolitik schlicht und einfach keine Gemeinschaftskompetenz der EU ist. Außenpolitik ist bis heute Sache der Mitgliedsstaaten. Wo immer die Europäische Union als außenpolitischer Akteur auftritt, bedarf dies deshalb eines einstimmigen Beschlusses der Mitgliedsstaaten.

Wohin das führt, wenn es um essenzielle Fragen geht, zeigt das Beispiel des Irak-Krieges auf ebenso drastische wie – aus Sicht der EU – unerquickliche Art.

Denn sobald offenkundig geworden war, dass die Amerikaner den Irak angreifen würden, begann sich ein Spalt mitten durch die Union zu bilden: Auf der einen Seite Mitgliedsstaaten, die sich loyal den USA gegenüber verhielten und Truppen in den Irak schickten (Vereinigtes Königreich, Spanien, Italien, Polen und andere), auf der anderen Seite Staaten, die dies ablehnten und die Politik der USA zum Teil sehr offen kritisierten (wie etwa Frankreich oder Deutschland). Dass der US-Verteidigungsminister Donald Rumsfeld angesichts dieses offenen Streits innerhalb der EU spöttisch von „alten Europäern" und „neuen Europäern" sprach, war zwar nicht besonders höflich, in der Sache aber so falsch nicht: Denn tatsächlich war ja offenkundig geworden, wie gespalten die Union ist.

Der Fall Irak macht freilich auch deutlich, warum die Mitgliedsstaaten ihre Souveränität im Bereich der Außenpolitik so besonders ungern aufgeben wollen. Denn so unangenehm es für eine nationale Regierung sein mag, in einer beispielsweise umweltpolitischen Frage in der EU einmal überstimmt zu werden und dann eine Politik umsetzen zu müssen, die man eigentlich nicht wirklich mag – die Vorstellung, sich auch in Fragen wie jener des Irak-Krieges einer Mehrheit unterwerfen zu müssen, überfordert die europapolitischen Phantasien der meisten Politiker bei weitem.

Damit verfestigt sich aber natürlich ein Dilemma, aus dem die EU bis heute nicht herausgefunden hat. Denn ohne eine gemeinsame Außenpolitik wird die Union nie zu jenem globalen „Player" werden, der sie wohl werden muss, will sie die Interessen ihrer Mitglieder machtvoller durchsetzen als jedes Land für sich allein.

Einen ersten Schritt in Richtung gemeinsamer Außenpolitik hatte der gescheiterte Verfassungsentwurf vorgesehen, mit dem ein europäischer Außenminister hätte geschaffen werden sollen. Aber auch der hätte vorerst nur im einstimmigen Auftrag aller Mitgliedsländer tätig werden können.

In einem nicht unwichtigen Teilbereich der Außenbeziehungen hat die Europäische Union allerdings schon jetzt Kompetenzen von ihren Mitgliedern übertragen bekommen: im Außenhandel, weshalb die Kommission auch bei den wichtigen WTO („World Trade Organization")-Verhandlungen die Interessen Europas vertritt, bei denen es im Wesentlichen um die weitere Liberalisierung des Welthandels geht.

21 *In dem 2005 vorerst gescheiterten Verfassungsvertrag der Union war vorgesehen, das Amt eines EU-Außenministers zu schaffen, mit dem Argument, dass dadurch die internationale Position der EU gestärkt würde. Aber warum ist eigentlich eine EU, die von einem Außenminister vertreten wird, stärker als eine, in der beispielsweise der deutsche, der französische und der britische Außenminister gemeinsam auftreten? Warum soll es etwa besser sein, dass die EU im UNO-Sicherheitsrat durch eine Stimme (der Union) vertreten ist statt durch zwei oder drei nationale Stimmen?*

Mit einer Stimme zu reden, bedeutet nichts anderes, als einen gemeinsamen Standpunkt zu haben. Darum geht es eigentlich, wenn die gemeinsame Außenpolitik eine entsprechende Wirkung entfalten soll. Um aber mit einer Stimme sprechen zu können, muss – wie in der Einleitung ausgeführt – zuerst ein Standpunkt gemeinsam erarbeitet und dann einstimmig beschlossen werden, oder es müsste die Außenpolitik auf die gemeinsamen Institutionen übertragen werden, so wie das in der Außenhandelspolitik und in der internationalen Entwicklungszusammenarbeit bereits der Fall ist. Wie wir am Fall des Balkan-Krieges gesehen haben, dauert es manchmal sehr lange, bis ein gemeinsamer Standpunkt erzielt wird, und wie der Irak-Krieg zeigt, ist es manchmal überhaupt nicht möglich.

Das ist in der Regel vor allem dadurch bedingt, dass jeder Mitgliedsstaat versucht, seinen nationalen Standpunkt in der Außenpolitik durchzusetzen. Das kann dann so weit gehen, dass politische Gräben aufgerissen werden wie zuletzt rund um den Irak-Krieg, wo das „alte Europa“ dem „neuen Europa“ gegenüberstand.

Was ist zu tun? Zunächst müssen die Bürger Europas kapieren, dass sie nicht zweierlei gleichzeitig haben können, nämlich auf der einen Seite die nationale Zuständigkeit in der Außenpolitik behalten und auf der anderen Seite ein außenpolitisch starkes Europa. Hier muss man sich entscheiden, was einem wichtiger ist.

Nur wenn die EU künftig wesentlich stärker als bisher die Außenpolitik übernimmt, kann Europa entsprechend rasch und effizient handeln. Davon sind wir jedoch weit entfernt, und dieses Problem löst auch die Verfassung nicht. In der ist lediglich vorgesehen, dass der derzeitige „Mr. GASP" durch einen „europäischen Außenminister" ersetzt wird, was von der Sache her bedeutet, dass eine personelle Verbindung zwischen der Kommission und dem Europäischen Rat hergestellt wird. Dieser Außenminister wird auch mit einem diplomatischen Dienst ausgestattet werden. Was jedoch leider nicht beseitigt wird, ist die Notwendigkeit, für außenpolitische Entscheidungen gemeinsame und einstimmige Beschlüsse zu fassen.

Gegenüber diesen Grundsatzfragen ist die Frage der Vertretung in der UNO eine eher zweitrangige. Man sollte die Europäische Union in den Sicherheitsrat aufnehmen, und dort ist es ohnedies aufgrund der Vetomechanismen so, dass dann die Gemeinschaft nicht überstimmt werden könnte.

Für die nächste Zeit ist leider zu erwarten, dass immer dann, wenn es irgendwo in der Welt schwierig wird, die Europäische Union weder mit einer Stimme noch mit mehreren aufeinander abgestimmten Stimmen sprechen wird, sondern es ist zu befürchten, dass sie weiter als unverständliches Stimmengewirr wahrgenommen wird.

22 *Bisher galt stets die Regel, dass Staaten keine Freunde haben, sondern nur Interessen. Ist die EU in erster Linie eher ein weiteres, wenn auch ganz besonderes, Instrument zur Durchsetzung des jeweiligen nationalen Interesses nach außen, oder verfügt sie selbst mittlerweile über so etwas wie ein nationales Interesse?*

Interessen zu haben und Freundschaften unter Staaten zu pflegen ist kein Widerspruch, denn es gehört zu den primären Interessen eines Staates, möglichst viele Freunde unter den anderen Staaten zu haben. Dort, wo die Europäische Union überhaupt eine außenpolitische Zuständigkeit hat, ist sie durchaus bereit, nationale Interessen durchzusetzen, allerdings nur solange, solange diese nicht durch den Einspruch eines anderen Mitgliedsstaates gestoppt werden. Beispielsweise kann es durchaus im Interesse eines bestimmten Staates liegen, dass die Europäische Union ein Verfahren bei der Welthandelsorganisation WTO startet, weil Produkte aus diesem Staat mit Dumping-Praktiken aus Drittstaaten zu kämpfen haben oder weil zum Beispiel geistige Eigentumsrechte nicht respektiert werden.

In der klassischen Außenpolitik hingegen muss immer zuerst ein Auftrag an die zuständigen Behörden in der Europäischen Union ergehen, und dieser Auftrag muss jeweils einstimmig gefasst werden. Nur dann besteht für die EU die Möglichkeit, überhaupt tätig zu werden.

Dass es daher eine Art nationales Interesse der Europäischen Union an sich geben könnte, ist weitgehend Zukunftsmusik. Es genügt auch bei weitem nicht, nur einen außenpolitischen Sprecher zu haben – dahinter muss auch eine entsprechende Macht stehen. Es muss letztlich die Möglichkeit vorhanden sein, im Bedarfsfall die europäischen Interessen auch mit entsprechenden Machtmitteln durchsetzen zu können. Das bedeutet, dass die europäische Außenpolitik solange ein zahnloser Tiger bleibt, solange es nicht den zweiten Arm der Außenpolitik – die gemeinsame äußere Sicherheitspolitik – gibt.

23 Auch wenn es nicht so wichtig ist, hat es doch starke Symbolkraft: Die meisten EU-Staaten betreiben in den Hauptstädten anderer Länder noch immer eigene Botschaften und konsularische Vertretungen, was heißt, dass es in einzelnen Metropolen bis zu 25 Botschaften samt dem dazugehörigen Aufwand gibt. Welche Kosten entstehen eigentlich durch diese gewaltige Parallelität, und warum genügt es nicht, in jedem Staat eine EU-Botschaft zu haben, die dann eben alle Mitgliedsstaaten vertritt?

Solange die Außenpolitik nicht in die Zuständigkeit der europäischen Organe übertragen wird, braucht es selbstverständlich auch weiterhin Botschaften. Der diplomatische Dienst eines Staates hat darüber hinaus wichtige Aufgaben. Er muss Pässe, Visa ausstellen oder Staatsbürgerschaften verleihen, bei Unfällen helfen oder Rechtsbeistand leisten. Natürlich haben die vielen Botschaften auch ihren Preis, und vor allem kleinere Mitgliedsstaaten stöhnen darunter, dass die Kosten für den diplomatischen Dienst ständig steigen. Offenbar sind jedoch diese Kosten nicht wichtig genug, um die außenpolitische Zuständigkeit auf die Gemeinschaft zu übertragen. Abgesehen davon darf man nicht vergessen, dass über die Botschaften auch sehr viele Wirtschafts- und kulturelle Kontakte abgewickelt werden und dass auch die Geheimdienste und die verschiedensten Regierungsberater mit den Botschaften in engem Kontakt stehen. Vorläufig ist das Maximum an Gemeinsamkeiten in der EU, dass Botschaften unter ein gemeinsames Dach ziehen, wie das die Skandinavier in Berlin gemacht haben, oder dass man nicht in allen Staaten Botschaften betreibt. Österreich etwa gehört nicht zu jenen Ländern, die in jedem Staat der Welt eine Botschaft haben: Teilweise werden Botschaften für mehrere Staaten eingerichtet, und teilweise werden nur sehr lockere diplomatische Beziehungen unterhalten. Eine neue Möglichkeit würde sich übrigens mit der EU-Verfassung ergeben, weil im Artikel 8 über die Unionsbürgerschaft ein Passus enthalten ist, der folgendermaßen lautet: „Unionsbürger und Unionsbürgerinnen haben im Hoheitsgebiet eines Drittlandes, in dem der Mitgliedsstaat, dessen Staatsangehörigkeit sie besitzen, nicht vertreten ist, Recht auf Schutz der diplomatischen und konsularischen Stellen eines jeden Mitgliedsstaates unter denselben Bedingungen wie Staatsangehörige dieses Staates." Hier käme es zumindest zu einer gegenseitigen Vertretung, ein Zwischenschritt, der ebenfalls in Richtung mehr Integration der Außenpolitik ginge.

24 *Dass die großen und mächtigen Mitgliedsstaaten im Zweifelsfall und wenn ihre eigenen Interessen substanziell berührt sind, auch europäische Verträge ignorieren, hat sich am Beispiel des Euro-Stabilitätspaktes ja deutlich gezeigt, wo Deutschland und Frankreich eine Änderung des Vertrages erzwangen, weil sie ihn nicht einhalten konnten. Drohte einer gemeinsamen europäischen Außenpolitik nicht noch viel stärker ein ähnliches Schicksal? Etwa, wenn sich Großbritannien in einem heiklen Krisenfall mit der EU-Mehrheit gegen die USA stellen müsste?*

Ein solches Risiko besteht zu einem gewissen Grad immer. Dabei sind jedoch grundsätzlich zwei Fälle voneinander zu unterscheiden.

Erstens: dass Mitgliedsstaaten sich nicht an die gemeinschaftsrechtlichen Vorschriften halten und eben Gemeinschaftsrecht brechen. Solche Fälle müssen dann entweder politisch gelöst werden, wie im Fall des Stabilitätspakts, oder sie werden vor dem Europäischen Gerichtshof ausgetragen.

Der andere Fall ist nichts anderes als Renationalisierung. Es werden Zuständigkeiten, die an die Gemeinschaft übertragen wurden, wieder auf der nationalen Ebene wahrgenommen. Würden sich solche Tendenzen in einem politischen Feld, in dem die Kompetenzübertragung auf die europäischen Institutionen eindeutig einen Mehrwert darstellt, breit machen, so wäre das ein Verstoß gegen den Geist der Gemeinschaft. Dort, wo dieser Mehrwert eindeutig erkennbar ist, ist eine Renationalisierung in der Regel nur mehr mit großen Schwierigkeiten möglich. Das ist auch der Grund, warum es heutzutage praktisch unmöglich ist, so ohne weiteres wieder aus der Europäischen Union auszutreten.

Nachdem jedoch die Mitgliedsstaaten bis jetzt außenpolitisch noch fast keine Kompetenzen abgegeben haben, ist es derzeit sehr verfrüht, schon wieder über Möglichkeiten der Renationalisierung zu spekulieren. Klar ist jedenfalls: Solange Parallelstrukturen in Form der vielen diplomatischen Vertretungen und in Form voll ausgestatteter nationaler Außenpolitiken existieren, ist eine Renationalisierung natürlich sehr leicht möglich.

25 Europa hat, wo es sich einig war, in den vergangenen Jahrzehnten stets eine sehr pragmatische, vor allem auf die Unterstützung der eigenen Wirtschaftsinteressen gerichtete Außenpolitik betrieben, die eher auf den Verkauf von Airbus-Flugzeugen denn auf die Durchsetzung von Demokratie, Freiheit und Menschenrechten gezielt hat. Hieße demnach eine einheitliche EU-Außenpolitik, dass die Union näher an China oder Russland rückte und sich tendenziell von den USA entfernte?

Das Bild trügt. Wenn man nämlich einen Vergleich anstellt zwischen der Durchsetzung von Wirtschaftsinteressen und dem Einsatz für Menschenrechte, Demokratie und Freiheit, so muss man sich auch ansehen, welche Mittel die Mitgliedsstaaten der Europäischen Union zu diesem Zweck überhaupt an die Hand gegeben haben. So sehr die europäischen Institutionen im Bereich der Wirtschaftspolitik ausreichende Kompetenzen besitzen und daher voll handlungsfähig sind, so wenig trifft das auf die Außenpolitik zu.

Ebenso wichtig ist der Unterschied, dass es für die Durchsetzung von Wirtschaftsinteressen im Wesentlichen genügt, die Verhandlungskompetenzen zu haben. Bei der Durchsetzung von Demokratie und Freiheit braucht es dagegen letztlich einen zweiten Arm in Form der äußeren Sicherheitspolitik, sonst bleibt man letztlich nicht viel mehr als ein „Maulheld". Dieser Arm ist in der EU bisher nur rudimentär vorhanden.

Sollte es zu einer Übertragung von außenpolitischen Zuständigkeiten auf die gemeinschaftlichen Organe kommen und eine europäische Sicherheitsstruktur aufgebaut werden, dann bedeutet das aber sicher nicht ein Heranrücken an Russland oder China oder gar ein Abrücken von den USA. Im Gegenteil: Eine erfolgreiche äußere Sicherheitspolitik könnte nur in einem Miteinander mit den USA aufgebaut werden. Es ist eine naive, ja sogar gefährliche Idee, dass Europa einen außenpolitischen Gegenpol zu den USA abgeben könnte. Längerfristig könnte ein sicherheitspolitisch starkes Europa nur bedeuten, dass es in Absprache mit den USA zu einer gewissen Aufgabenteilung in der Welt käme, und dass in Krisenfällen nicht mehr die USA die einzige Macht wären, die in der Lage und bereit sind, Krisenherde zu stabilisieren und zu beruhigen.

26 Frankreich hat in der EU traditionell auch und nicht zuletzt ein Instrument gesehen, die eigenen Großmachtambitionen mit deutscher Hilfe und deutschem Geld umzusetzen, obwohl es real bestenfalls noch eine Mittelmacht darstellt. Die neuen Mitgliedsstaaten in Mittel- und Osteuropa dagegen sind traditionell, ebenso wie Großbritannien, aus ideologischen wie historischen Gründen den USA verbunden. Was das im Zweifelsfall heißt, hat man im Irak-Krieg ja deutlich gesehen, als sich die Union plötzlich in „altes" und „neues" Europa teilte. Wie soll aus so fundamental unterschiedlichen außenpolitischen Vorstellungen je eine einheitliche Politik werden?

Genau diese fundamentalen Positionsunterschiede sind einer der Hauptgründe, warum es nach wie vor keine gemeinsame Außenpolitik gibt beziehungsweise noch immer zu wenig davon gibt.

Zurzeit ist leider keine Bereitschaft der Mitgliedsstaaten erkennbar, die generellen außenpolitischen Auffassungsunterschiede zu überwinden und das Gemeinsame vor das Trennende zu stellen. Selbst den gemeinsamen Außenminister zu schaffen, stößt bereits auf größere Schwierigkeiten.

Man darf freilich auch nicht übersehen, dass es hier an „das Eingemachte" der nationalen Souveränität geht. Daher wird vielfach das Aufgeben der nationalen Außenpolitik mit der Aufgabe des eigenen Staates gleichgesetzt. Eine Änderung dieser Haltung ist nur dann denkbar, wenn der Druck von außen so groß wird, dass es gar nicht mehr anders geht. Irgendwann wird Europa sicher vor der Entscheidung stehen, ob es vorzieht, in der Welt eine entsprechende Macht zu haben oder eben nur jenen eher geringfügigen Einfluss zu behalten, den mittlere Staaten in der heutigen

Politik haben können. Die Unterscheidung Rumsfelds in das „alte“ und „neue Europa“ ist ein Symptom dafür, dass es eine ziemliche Illusion bleibt, dass die Nationalstaaten in der Lage wären, ihre Außenpolitik so weit zu koordinieren, dass diese als gemeinsame Außenpolitik wahrgenommen wird.

Vorläufig bleibt jedoch kein anderer Ausweg, als weiterhin jeden einzelnen außenpolitischen Schritt miteinander so weit zu koordinieren, dass über das Projekt Einstimmigkeit herrscht. Es liegt natürlich in der Natur der Sache, dass das Erzielen einer solchen Einigung umso schwieriger wird, je mehr Staaten sich auf eine gemeinsame Position einigen müssen.

27 In den Vereinigten Staaten gibt es im politischen Establishment zwei Denkrichtungen – eine, die sich eine geeinte Union als starken Partner gegenüber den zahllosen Herausforderungen des Westens wünscht, eine andere, die in einer geeinten Union eher einen unerwünschten Konkurrenten sieht und daher eher an einem fragmentierten Europa interessiert ist. Welche Rolle spielt das hinter den Kulissen, welchen Einfluss nehmen die USA da auf den europäischen Integrationsprozess?

Sicher gibt es auch die Denkrichtung in Washington, die sagt, besser ein fragmentiertes Europa als ein zu starkes Europa. Die Unterscheidung in „altes" und „neues Europa" von Herrn Rumsfeld geht ja genau in diese Richtung. In Wirklichkeit ist eine solche Überlegung aber sehr kurzsichtig. Die Welt von morgen ist ja nicht gerade auf dem großen Friedenstrip, und daher tun sich mehr Risikopotenziale auf, als die Amerikaner allein in den Griff bekommen können. Die USA und Europa werden daher, wenn es auf der Welt mehr Frieden geben soll, auch in Zukunft aufeinander angewiesen sein, und es wird mehr und mehr darum gehen, dass es zu einer vernünftigen Aufgabenteilung zwischen den beiden großen Blöcken kommt.

Wenn jedoch Europa im Rahmen einer derartigen Aufgabenteilung friedenssichernde Aufgaben übernehmen soll, dann muss es dafür auch ausgestattet werden, ansonsten wird es nicht ernst genommen. Im Übrigen muss es auch nicht so sein, dass ein Europa als starker Partner immer im Widerspruch zu den USA stehen muss. In Wahrheit haben wir beide viel mehr Gemeinsames als Trennendes. Die Frage ist also vor allem, in welcher Art und Weise Europa seine Stärke einsetzt. Und hier kann man es den Amerikanern nicht verübeln, dass manche Töne, die aus Europa kommen, Misstrauen hervorrufen. Es ist nun einmal in

Europa beliebt, eigene wirtschaftliche, militärische oder politische Schwächen mit verbalen Angriffen auf die USA zu übertünchen.

Dem Vereinigten Königreich kommt in diesem Kontext eine ganz eigene Rolle zu. Vor allem aus historischen Gründen fühlt sich das Vereinigte Königreich politisch irgendwo zwischen Europa und den USA angesiedelt und versucht daher auch, eine Art Mittlerrolle zwischen den beiden Seiten des Atlantiks wahrzunehmen. Das ist auch nicht zu kritisieren, solange es nicht dazu führt, dass die Briten aus Entscheidungen, die in der Europäischen Union gemeinsam getroffen wurden, hinterher wieder ausscheren. Solche Verhaltensweisen beeinflussen den Integrationsprozess viel negativer als die Botschaften, die über den Atlantik hinweg zwischen den beiden, der europäischen und amerikanischen Zentrale ausgetauscht werden.

Was die neuen Mitgliedsstaaten anbelangt, so stimmt es wohl, dass es Versuche gibt, sich massiv den USA anzunähern, insbesondere wenn man Leuten wie dem tschechischen Staatspräsidenten zuhört; andererseits gibt es aber genauso Tendenzen, die eher die wiedergewonnene nationale Souveränität in den Vordergrund stellen und sich daher außenpolitisch weder an Europa noch an die USA zu stark anbinden wollen und schon gar nicht ihre außenpolitische Souveränität aufgeben wollen.

28 EU-Staaten wie Deutschland oder Österreich haben keine eigene Währung, keine nennenswerten eigenen Außengrenzen mehr, insgesamt keine umfangreiche nationale Gesetzgebung mehr und würden im Falle einer gemeinsamen Außenpolitik auch den letzten Rest von Souveränität nach Brüssel abgeben. Und somit aufhören, Staaten im eigentlichen Sinne zu sein. Haben die Volksabstimmungen über die Verfassung nicht auch gezeigt, dass die Europäer das einfach nicht wollen, dass ihnen diese vollkommene Aufgabe nationaler Souveränität zu weit geht?

Europa steckt in diesem Zusammenhang bedauerlicherweise in einem erheblichen Dilemma. Einerseits wollen wir in der Welt die erste Geige spielen, andererseits wollen wir aber möglichst wenig nationale Souveränität aufgeben. Das Problem ist, dass beides gleichzeitig nicht möglich ist. Es ist auch eine ziemliche Illusion zu glauben, dass man sich unter den Mitgliedsstaaten jedes Mal, wenn irgendwo ein Problem auftritt, rasch genug auf eine gemeinsame Position einigen kann.

Im Übrigen ist es ein falscher Eindruck, dass nur mehr ein Rest von Kompetenzen in der nationalen Gesetzgebung geblieben ist. Nach wie vor redet Europa überhaupt nichts drein, wenn es um die Kultur geht, unsere Ausbildungssysteme können wir gestalten, wie wir wollen. Wir würden es nie dulden, dass Europa dabei mitredet, wie wir unsere Raumordnung, unser Zivilrecht oder unsere Strafgesetzgebung organisieren. Aber die Frage ist berechtigt, wie es dann möglich ist, dass sich viele Menschen den Machtzentralen in Brüssel ausgeliefert fühlen.

Teilweise hat das sicher damit zu tun, dass in den nationalen Verwaltungen Brüssel häufig als Ausrede für mangelnde Entscheidungsbereitschaft herhalten muss. Teilweise haben sich die europäischen Institutionen aber auch in Belange eingemischt, von denen sie besser die Finger gelassen hätten.

Paradoxerweise würde aber die umstrittene Verfassung gerade in diesem Zusammenhang einen echten Fortschritt bringen. Sie enthält nämlich eine Regelung, die besagt, dass künftig auf der europäischen Ebene nur mehr dann ein Gesetz gemacht werden darf, wenn gleichzeitig nachgewiesen wird, dass die Lösung des anstehenden Problems national nicht möglich ist oder mit großen Nachteilen für die Mitgliedsstaaten verbunden wäre. Und noch eines rächt sich immer mehr: die Tendenz der Regierungschefs, unangenehme Aufgaben nach Brüssel abzuschieben und sich lieber selbst auf die angenehmen Entscheidungen zu beschränken.

29 *Nach der derzeitigen, Einstimmigkeit in außenpolitischen Fragen erfordernden Vertragssituation kann beispielsweise Zypern oder Malta eine außenpolitische Maßnahme der EU verhindern, selbst wenn diese von allen anderen 24 Mitgliedsländern für notwendig gehalten wird. Welche Möglichkeiten kann es nach dem Scheitern der Verfassung geben, diese Selbstblockade der EU aufzuheben oder zumindest deren schädliche Folgen zu begrenzen?*

Die Einstimmigkeit ist ja nur Ausdruck dessen, dass die europäischen Staaten im Bereich der Außenpolitik ihre Souveränität behalten wollen. Die einzige Möglichkeit, die es angesichts dieser Positionen der Mitgliedsstaaten gibt, ist den bisherigen Weg fortzusetzen und Schritt für Schritt weitere außenpolitische Sparten auf die Gemeinschaft zu übertragen. So wie es in der Vergangenheit gelungen ist, die Außenhandelspolitik zu einer Gemeinschaftskompetenz oder die Entwicklungspolitik zu einer gemischten Kompetenz zu machen, sollte das auch für die Vertretung bei anderen internationalen Organisationen oder für die Zuständigkeit für bestimmte internationale Verträge möglich sein. Die Europäische Union sollte auch dort einspringen können, wo einzelne Mitgliedsstaaten auf die Wahrnehmung ihrer nationalen außenpolitischen Kompetenz verzichten. Beispielsweise wäre es gut denkbar, dass Staaten ihre diplomatische Vertretung durch die Gemeinschaft zumindest dort wahrnehmen lassen, wo sie selbst keine diplomatische Vertretung haben. Auf diese Weise könnte es auch gelingen, die Bevölkerung mehr und mehr davon zu überzeugen, dass das gemeinsame Wahrnehmen von außenpolitischen Kompetenzen Sinn macht und eine ausschließlich nationale Souveränität auf die Dauer nicht haltbar ist.

30 Welche neuen geopolitischen strategischen Konstellationen und Allianzen sind zu erwarten, sollte die gemeinsame Außenpolitik der EU endgültig scheitern? Der ehemalige ungarische Ministerpräsident Viktor Orbán etwa spricht im kleinen Kreise gelegentlich davon, dass die bisherige Achse Berlin–Paris durch eine Allianz von Deutschland, Österreich und den zehn neuen Mitgliedern in Osteuropa abgelöst werden könnte …

Es ist schon richtig, dass in jenen Staaten, die eine politische Union voranbringen wollen, die Frustration größer und größer wird, wenn sich in der gemeinsamen Außenpolitik nichts tut. Die Folge könnte sein, dass das Konzept der verstärkten Zusammenarbeit einzelner Mitgliedsstaaten im Bereich Außenpolitik mehr und mehr Gestalt annimmt. Solange eine solche verstärkte Zusammenarbeit ein Konzept der unterschiedlichen Geschwindigkeit bleibt, das heißt für alle offen steht und sich auch der europäischen Institutionen für die Umsetzung bedient, ist dagegen prinzipiell nichts einzuwenden. Schließlich zeigt sich, dass diese verstärkte Zusammenarbeit im Bereich der Währungspolitik gar nicht so schlecht funktioniert, wo ja auch nicht alle 25 Mitglieder den Euro eingeführt haben.

Gerade in Frankreich freilich sind immer wieder Ideen aufgetaucht, eine verstärkte Zusammenarbeit in Form eines Exklusiv-Zirkels innerhalb der Europäischen Union zu organisieren, der andere Mitglieder ausschließt. Mit anderen Worten: Die gemeinsame Außenpolitik und andere gemeinsame Politikfelder würden zwischen einer Gruppe von Mitgliedsstaaten untereinander organisiert werden, ohne dass dabei Gemeinschaftsinstitutionen eine besondere Rolle spielen. Es würde auch nicht ohne weiteres möglich sein, dass ein Staat, der sich später entschließt, einer solchen Gruppe beizutreten, dies auch könnte. Eine solche Entwicklung wäre sehr gefährlich, weil die Europäische Union in der Zwischenzeit mit 25 oder gar mehr Mitgliedern groß genug ist, dass sich verschiedene solche Zirkel bilden könnten. Wenn also etwa auf der einen Seite Deutschland und Frankreich mit einigen anderen Staaten eine Gruppe verstärkter Zusammenarbeit bildeten und eine zweite Gruppe unter der Führung des Vereinigten Königreiches mit einigen neuen Mitgliedsstaaten oder den skandinavischen Ländern entstünde, dann wäre damit das Ende des gemeinsamen Europa erreicht. Die Idee einer politischen Union müsste in diesem Fall zu Grabe getragen werden.

Sollte ein solcher Fall eintreten, dann ist auch aller Wahrscheinlichkeit nach auf Dauer die wirtschaftliche Union nicht mehr zu halten, und Europa würde auseinander fallen. Denkt man sich dann noch dazu, dass in der Zwischenzeit auch Russland nicht nur wieder erstarken könnte, dann wäre dies ein Rückfall in die Achsenpolitik des frühen 20. Jahrhunderts. Eine Entwicklung, die alles andere als wünschenswert ist.

4. Kapitel

Wenn es ernst wird, rufen wir halt in Washington an: Wer keinen Verteidigungswillen hat, kann keine Verteidigungspolitik betreiben. Und dafür, dass sie die Drecksarbeit machen, kann man die USA ja auch noch beschimpfen

Die militärische Landesverteidigung der Europäer ist, selbst wenn man es wohlwollend formuliert, geradezu haarsträubend ineffizient organisiert. Praktisch jede Funktion, die eine moderne Armee braucht, gibt es in der EU 25-mal: 25 Verteidigungsministerien, Kommandostrukturen, Bürokratien, Einkaufsabteilungen – eine extrem kostspielige und ressourcenvernichtende Organisationsform der Vielgleisigkeit. Dazu kommt, dass die EU-Staaten natürlich auch noch teilweise verschiedene Standards in der Ausrüstung und der Beschaffung aufweisen, was ebenfalls zusätzliche Kosten verursacht beziehungsweise das Lukrieren von „Economy-of-Scale"-Gewinnen vermindert.

Die wesentlichste Konsequenz dieser Aufsplitterung der EU in 25 nationale Verteidigungsorganisationen: Die Europäer geben größenordnungsmäßig zwar einen ähnlichen Anteil am Volkseinkommen für ihr Militär aus wie die USA, bekommen dafür aber aufgrund dieser Ineffizienzen erheblich weniger militärische Leistung als die Vereinigten Staaten.

Da die Mitgliedsstaaten der Europäischen Union jedoch gerade im militärischen Bereich nur sehr ungern Souveränität abgeben, wird sich daran wohl auch in naher Zukunft nichts dramatisch ändern. Stattdessen versuchen die Mitgliedsstaaten, so etwas wie den Nukleus einer (vielleicht) künftigen EU-Armee aufzubauen, um die Union militärisch zumindest etwas handlungsfähiger erscheinen zu lassen. Bereits 1999 war beschlossen worden, dass die EU-Staaten im Krisenfall eine Euro-Truppe von insgesamt 50.000 Soldaten innerhalb von zwei Monaten mobilisieren können sollen. Damit sollen so genannte „Petersberg-Aufgaben" erfüllt werden, im Wesentlichen also friedenserhaltende und friedensstiftende Maßnahmen wie etwa derzeit in Bosnien-Herzegowina.

Im Falle einer größeren militärischen Konfrontation würde sich die EU jedoch zweifellos auf die NATO verlassen müssen, der 19 ihrer 25 Mitglieder angehören (mit der Ausnahme von Österreich, Schweden, Irland, Finnland, Zypern und Malta).

Der Umstand, dass ein Großteil der EU-Staaten dem „Nordatlantik-Pakt" angehört, erleichtert das Organisieren einer gemeinsamen europäischen Landesverteidigung nicht wirklich. Da sich die NATO in der Vergangenheit als verlässlicher Schutzschild erwiesen hat, halten manche in der EU den Aufbau einer eigenen EU-Truppe für eine in Wahrheit kontraproduktive Verdoppelung des Aufwandes.

Dem kann freilich entgegengehalten werden, dass die NATO eben per definitionem kein Instrument der EU ist, auf ihrer Grundlage also nie eine eigenständige europäische Militärpolitik – und damit ja letztlich auch keine effiziente eigene Außenpolitik – möglich werden wird.

Zusätzlich kompliziert wird die Sache durch das strategische Interesse der Vereinigten Staaten, auf der einen Seite zwar ein militärisch starkes Europa als Partner zu haben, der den USA einen Teil der globalen Lasten abnimmt, andererseits aber über die NATO entscheidenden Einfluss ausüben zu können und nicht einer eigenständigen europäischen Militärmacht gegenüberzustehen. Deshalb haben sich die USA gegenüber den Bestrebungen in der EU, eine eigene Militärmacht zu schaffen, auch stets relativ skeptisch gezeigt.

Einen ersten, kleinen Schritt in Richtung auf eine stärkere militärische Integration Europas wollte die vorerst gescheiterte EU-Verfassung unternehmen, indem sie einerseits eine gegenseitige Beistandspflicht im Falle terroristischer Attacken oder großer Naturkatastrophen vorsah, andererseits aber eine klassische militärische Beistandspflicht (wie in der NATO) nur auf freiwilliger Basis festlegte.

31 Die meisten EU-Staaten sind gleichzeitig Mitglieder der NATO, die seit über 60 Jahren Europas militärische Sicherheit gewährleistet hat. Welchen Sinn macht es da, dass die Europäer mit hohem finanziellem Aufwand eine eigene Militärorganisation aufbauen, die dann kostspielige Apparate parallel zur NATO betreibt? Noch dazu, wo Europa doch derzeit von keinem anderen Staat ernsthaft militärisch bedroht wird?

Es geht nicht allein um die Frage, ob die Europäische Union oder ein Teil davon militärisch bedroht werden könnte und welche Verteidigungsanstrengungen dann unternommen werden müssen. Es geht genauso um die Notwendigkeit, alle Arten von Krisen bewältigen zu können, sei es, dass die Sicherheit der Bevölkerung durch das organisierte Verbrechen oder terroristische Organisationen bedroht wäre. Es geht aber auch um die Bewältigung von Naturkatastrophen und andere, auch von Menschen verursachte Desaster. Die europäischen Sicherheitsstrukturen müssen daher auf alle diese möglichen Droh- und Katastrophenbilder eine ausreichende Antwort parat haben.

Der größte Unterschied zur bisherigen NATO besteht darin, dass die Zusammenarbeit in der NATO eine Zusammenarbeit einzelner Staaten bedeutet, während in der gemeinsamen Verteidigungsstrategie der EU die Idee Pate steht, dass man diese Aufgabe gemeinschaftlich wahrnehmen könnte. Das heißt, dass es eine europäische militärische Kraft geben kann, ein europäisches Heer gewissermaßen mit eigenen Kommandostrukturen und auch mit einer Befehlsgewalt, die gemeinschaftlich auf der europäischen Ebene wahrgenommen wird. Davon erwartet man sich in der EU nicht nur die Lösung der derzeit nach wie vor vorhandenen logistischen Probleme, sondern besonders auch Kosteneinsparungen, weil eine solche zentral gesteuerte und für alle Drohbilder in den Mitgliedsstaaten der Gemeinschaft zur Verfügung stehende militärische Struktur kostengünstiger sein könnte.

Man muss sich jedoch über eines im Klaren sein: Es genügt bei weitem nicht, nur militärische Kräfte zu haben. Es muss auch die dazugehörige Verteidigungsindustrie aufgebaut und die dafür notwendige Forschungs- und Entwicklungsarbeit geleistet werden. Es ist allgemein bekannt, dass in den USA die militärische Forschung auch enorme Vorteile für die zivile Nutzung gebracht hat. Man braucht nur an Satellitennavigationssysteme und Ähnliches denken, die weltweit eine enorme wirtschaftliche Bedeutung erlangt haben. Der Aufbau entsprechender europäischer Strukturen würde für die europäische Wirtschaft einen enormen Impuls bedeuten.

Zusätzlich müssen natürlich auch die notwendigen strategischen Planungseinheiten eingerichtet werden, und es muss auch ein europäischer Geheimdienst vorhanden sein, der es möglich macht, schon im Vorfeld negative Entwicklungen auf der Welt beobachten und auch richtig einschätzen zu können. Genug Gründe also, warum es Sinn machen würde, dieses große neue europäische Projekt mit Elan und Ernst anzugehen.

Nachdem jedoch der Wille, an einem solchen Projekt mitzuarbeiten, nicht in allen Ländern gleich ausgeprägt ist, wurde im „Nizza-Vertrag" auch die Möglichkeit geschaffen, dass – ähnlich wie bei der Schaffung der Euro-Zone – es auch möglich sein soll, dass jene Staaten, die hier vorangehen wollen, von den anderen nicht behindert werden und eine verstärkte Zusammenarbeit auf militärischem Gebiet anstreben können.

32 Die wahrscheinlich gefährlichste sicherheitspolitische Bedrohung, der die EU auf absehbare Zeit gegenübersteht und gegenüberstehen wird, geht nicht von Staaten, sondern von Terrororganisationen wie der „Al Kaida" aus. Haben nicht gerade die US-Interventionen in Afghanistan und vor allem im Irak gezeigt, dass dem Terrorismus ohnehin nicht militärisch beizukommen ist und daher eine einheitliche EU-Militärpolitik wenig nützlich ist gegenüber dem Terror?

Offensichtlich ist die Beschwörung der „Achse des Bösen", der militärische Einmarsch oder das Zusammenbomben von Städten oder Industrieanlagen nicht unbedingt das richtige Rezept zur Bekämpfung des Terrors. Nur Zuschauen ist aber auch keine Antwort. Genau deshalb braucht es eine europäische Struktur, die die äußere Sicherheit gewährleisten soll. Die Erfahrungen, die die EU damit bisher bereits in Afghanistan, auf dem Balkan oder auch in Afrika sammeln konnte, sind überwiegend positiv, und es gibt daher überhaupt keinen Grund, nicht in diese Richtung weiter voranzugehen. Es gilt, neben militärischen Maßnahmen auch vertrauensbildende Maßnahmen zu setzen. Es geht darum, die Kerne von Terrororganisationen frühzeitig aufzuspüren und auszuschalten. Es geht darum, an den Grenzen und auf den Flughäfen über entsprechende Überwachungseinrichtungen verfügen zu können. Es geht darum, dafür Sorge zu tragen, dass das Verschieben von radioaktivem Material oder Biowaffen auf dem Schwarzmarkt unterbunden wird; und letztlich geht es natürlich auch darum, zunächst einmal alle politischen Möglichkeiten auszureizen, um den Terror hintanzuhalten.

33 *Wahrscheinlich werden die einzelnen EU-Staaten es nie zulassen, dass in Brüssel zentral entschieden wird, ob die Soldaten eines Landes in einem Krieg eingesetzt werden sollen, ohne dass dieses Land ein Vetorecht hat. Auf dieser Basis wird sich aber kaum je eine schlagkräftige europäische Streitmacht begründen lassen – oder kann es in der Praxis tatsächlich funktionieren, dass kein Land einer europäischen Armee Soldaten stellt, wenn es nicht will? Kalifornien kann ja schließlich auch nicht verhindern, dass kalifornische Soldaten im Irak kämpfen müssen, wenn Washington dies für richtig hält.*

Hier besteht in der Tat ein gewisses demokratisches Dilemma. Auf der einen Seite ist die Entscheidungsgeschwindigkeit sicher höher, wenn man nicht jedes Mitglied einzeln überzeugen muss, mitzumachen. Auf der anderen Seite darf man jedoch auch nicht vergessen, dass es hier um Leben und Tod von Staatsbürgern gehen kann und dass daher die einzelnen Mitgliedsstaaten im Interesse ihrer Mitbürger ihre Verantwortung wahrnehmen müssen. Um aus diesem Dilemma herauszukommen, hat die EU allerdings in der Zwischenzeit verschiedene Mittel gefunden, die die Aktionsfähigkeit Europas trotz des grundsätzlichen Einstimmigkeitsgebots verbessern können. Das ist zum einen die Möglichkeit, eine strukturelle Abweichung in Form der verstärkten Zusammenarbeit zu akzeptieren, und das ist zum anderen auch das so genannte „Opting-out", das heißt, dass unter bestimmten Umständen die Möglichkeit besteht, dass einzelne Mitgliedsstaaten nicht verpflichtet werden können, bei einer Militäraktion mitzumachen.

Schließlich soll nicht unerwähnt bleiben, dass es auch andere Möglichkeiten gibt, Mitgliedsstaaten in die Pflicht zu nehmen.

Nachdem ohnedies nicht unbedingt so viele Soldaten für die Bekämpfung von den derzeit am meisten diskutierten Bedrohungen notwendig sind, besteht ja auch die Möglichkeit, sich durch finanzielle Beiträge seiner Pflicht zu entledigen. Im Übrigen wird es auch zum Teil von den Drohbildern abhängen, wie schwierig Entscheidungen zu fällen sind. Würden nämlich einzelne Mitgliedsstaaten oder Teile davon direkt bedroht, dann begänne ja auch die gegenseitige Beistandspflicht zu wirken, und in einem solchen Fall wäre es für den einzelnen Mitgliedsstaat schwierig, einfach „Nein" zu sagen. Schließlich könnte er selbst ja früher oder später in eine ähnliche Situation geraten. Immer weniger Verständnis wird man allerdings für Trittbrettfahrer aufbringen, die glauben, dass ihre Sicherheit die anderen gewährleisten sollten und sie dazu keinen Beitrag leisten müssten, wie das manche in Österreich für wünschenswert halten.

34 *Die EU hat seit einigen Jahren mit schwacher Wirtschaft, hoher Arbeitslosigkeit und immer teurer werdenden sozialen Systemen zu kämpfen. Wäre es da nicht viel vernünftiger, die Militärausgaben stark zu senken und im Zweifelsfall darauf zu vertrauen, dass die Amerikaner schon kämpfen werden, wenn es denn unbedingt notwendig sein sollte?*

Eine solche Vorgangsweise kann sich vielleicht San Marino oder Liechtenstein leisten, aber schon die Schweiz nicht mehr. Und die Schweiz hat auch immer wieder gezeigt, dass man nur dann glaubhaft sein kann, wenn man für die Verteidigung der eigenen Grenzen Sorge trägt. Sie hat immer schon – obwohl sie in den letzten Jahrhunderten nie in einen Krieg direkt verwickelt war – für eine ausreichende Verteidigung gesorgt.

Um ein Vielfaches mehr trifft das natürlich auf die Europäische Union zu. Das Trittbrettfahren funktioniert längerfristig nirgendwo und schon gar nicht in der Europäischen Union. Abgesehen davon soll niemand glauben, dass die Amerikaner aus purer Freundschaft zu Europa auch die Verteidigung für uns übernehmen würden. In einem solchen Fall würde der militärischen Aktion sicherlich die Rechnung folgen, und diese würde auch nicht gerade billig ausfallen. Daher ist es eine Illusion zu glauben, dass man durch Nichtverteidigungsbereitschaft Kosten sparen kann. Im Gegenteil: Wenn man auch die militärische Entwicklung zu einem größeren Teil selbst in die Hand nimmt, kann man daraus Synergien und Vorteile für die eigene Wirtschaft lukrieren. Nicht nur wichtige technologische Entwicklungen des amerikanischen Zivilsektors gehen auf ursprünglich militärische Forschung zurück, sondern auch viele Umsätze und Arbeitsplätze in der US-Rüstungsindustrie. Wenn wir daher einen Teil davon nach Europa lenken könnten, entstünde daraus ein Nutzen für europäische Unternehmen.

35 Zwei EU-Mitglieder, Großbritannien und Frankreich, verfügen derzeit über Atomwaffen. Soll die Europäische Union langfristig, wenn sie eine gemeinsame Militärstreitmacht haben wird, damit automatisch Atommacht werden? Und wer wird dann über die ehemals britischen und französischen Atomwaffen verfügen? Oder wäre es nicht vernünftiger, die dann zu verschrotten?

Diese Frage gehört wohl zu den politisch sensibelsten von allen. Es ist – zumindest derzeit – unmöglich, größere Änderungen des Atomwaffenvertrages zu erreichen. Daher ist es am nahe liegendsten, in dieser Frage einen pragmatischen Ansatz zu wählen: Zuerst gründen wir eine gemeinsame europäische Verteidigungsstruktur; zunächst entwickeln wir eine europäische Rüstungsindustrie und -forschung, und erst dann ist der Zeitpunkt gekommen, um auch noch über diese Frage zu verhandeln. Alles andere ist Illusion. Denn: Einerseits will eine große Mehrheit der europäischen Bürger keine Atomwaffen haben. Andererseits kann es wohl auch nicht so sein, dass wir in Europa einseitig auf diese militärischen Möglichkeiten von vornherein verzichten, während rundum andere neue Atommächte entstehen. Noch dazu Atommächte, deren Regimes nicht immer besonders vertrauenswürdig sind.

Wesentlich interessanter wäre daher der Versuch, die Bereitschaft Europas, auf Atomwaffen zur Gänze zu verzichten, als einen Verhandlungstrumpf einzusetzen, um auch mit den üblichen Atommächten ein Übereinkommen zu schließen, das einen weltweiten Verzicht auf Atomwaffen zum Ergebnis hätte. Aber das ist bisher eher ein Traum.

36 Gerade der Irak-Krieg hat gezeigt, dass die europäische Bevölkerung massiv gegen jede Form der militärischen Konfliktaustragung eingestellt ist. In praktisch allen EU-Mitgliedsstaaten war die große Mehrheit der Wähler gegen den Krieg; selbst dort, wo ihn die Regierungen befürworteten. Könnte die EU, wenn sie eines Tages eine gemeinsame Verteidigungsorganisation hätte, diese überhaupt je glaubwürdig einsetzen angesichts der extrem pazifistischen Grundhaltung der Bevölkerung?

Das wird letztlich davon abhängen, wie sehr sich die europäische Bevölkerung bedroht fühlt. Der Irak-Krieg fand im Empfinden der Leute weit weg von uns statt. Zudem hat sich längst herausgestellt, dass die Bevölkerung mit ihrer Haltung gegen den Irak-Krieg richtiger gelegen war als die Militärstrategen. Die Behauptung, man müsse Krieg gegen den Irak führen, weil dort Massenvernichtungswaffen vorhanden wären, war falsch. Selbst die Amerikaner und Briten mussten diese Behauptungen zurücknehmen. Europas öffentliche Meinung hat zu Recht darauf verwiesen, dass zum Zeitpunkt des Einmarsches noch lange nicht alle politischen Möglichkeiten ausgereizt waren. Auch im Nachhinein stellt sich heraus, dass das eigentliche Ziel, nämlich den Terror im Irak zu bekämpfen, mit Hilfe des Krieges nicht erreicht wurde. Im Gegenteil – der Terror hat an Ausmaß und Intensität noch zugenommen.

Es ist aber andererseits leicht vorstellbar, wie sehr sich über Nacht die Einstellung der Bevölkerung ändern würde, wenn es eine größere Bedrohung in Europa gäbe. Gerade die letzten Terroranschläge in Madrid und London haben gezeigt, wie sehr die Bevölkerung damit einverstanden ist, dass der internationale Terror massiv bekämpft wird. Schließlich sollte man auch dem gesunden Instinkt der Bevölkerung, nämlich Krieg als eine Ultima Ratio zu betrachten und doch eher das europäische Friedensprojekt als Leitidee der Europäischen Union im Auge zu behalten, nicht als extrem pazifistische Grundhaltung missdeuten.

37 Ist angesichts einer pazifistischen Grundhaltung plus der zunehmenden Überalterung der EU-Bevölkerung nicht zu erwarten, dass eine EU mit einheitlicher Verteidigungspolitik eine Art kontinentales Schweden wird, also eine Macht, die versucht, sich aus allen Auseinandersetzungen herauszuhalten – und damit de facto die USA schwächt, die ja bisher immerhin zumindest auf die Briten, Spanier oder Osteuropäer als Alliierte setzen konnten?

Sich möglichst nicht auf Konflikte einzulassen, ist legitim. Die Zeit, in der das Prinzip gegolten hat, dass der Krieg die Fortsetzung der Diplomatie mit anderen Mitteln wäre, ist längst vorbei. Es muss heutzutage der Grundsatz gelten, dass der Einsatz von militärischen Mitteln nur dann zu rechtfertigen ist, wenn alle anderen Möglichkeiten bereits erschöpft sind. Die europäische Militärstruktur wird eine reine Verteidigungsstruktur sein und nicht auf Aggression ausgerichtet werden. Mit dem Wort „Vorwärtsverteidigung" oder „Prävention" kaschierte Aggressionskriege müssen für Europa kategorisch ausscheiden. Im militärischen Bereich ist nichts kontraproduktiver und auch riskanter als Unsicherheit. Daher müssen möglichst bald auf europäischer Seite eine klare Kommandostruktur und eine überprüfbare militärische Kapazität entstehen. Das ist die Voraussetzung, um zu einer verlässlichen Arbeitsteilung zwischen Europa und den USA zu kommen. Wenn dieses Konzept allerdings gelingt, wird es vorhandene Unsicherheiten beseitigen und beiden Seiten nützen.

38 Die einzelnen EU-Staaten geben in Summe nur unwesentlich weniger für die Landesverteidigung aus als die USA. Trotzdem ist die US-Army wesentlich moderner, schlagkräftiger und leistungsfähiger. Wie kommt das, wenn noch dazu die meisten europäischen Staaten Mitglieder der NATO sind?

Es stimmt leider, die Unterschiede sind enorm, und genau diese Tatsache, dass man in Europa für nahezu dasselbe Geld wesentlich weniger an Verteidigung bekommt, ist ja nahezu der wichtigste Grund, warum es Sinn macht, eine gemeinschaftliche Verteidigungsstruktur zu schaffen. Hier wird deutlich, was es heißt, Synergien nicht zu nützen. In Europa herrscht einfach zu viel Durch- und Nebeneinander, werden viel zu viele Truppen unter Waffen gehalten. Durch die in vielen Ländern nach wie vor vorhandene allgemeine Wehrpflicht wird jede Menge Leerlauf produziert, und gleichzeitig leidet das ganze System an einem enormen Professionalisierungsmangel. Aus all dem könnte man die einfache Schlussfolgerung ziehen, dass eine gemeinschaftlich organisierte europäische Verteidigungsstruktur zwei Optionen eröffnet. Entweder man bekommt die bisherige Verteidigungskapazität um wesentlich weniger Geld, oder man kann um dasselbe Geld eine wesentlich stärkere, modernere, effizientere und auch für die übrige Wirtschaft nützlichere Verteidigung schaffen.

39 Nach dem Krieg am Balkan, der letztlich nur durch das militärische Eingreifen der USA beendet werden konnte, war die allgemeine Stimmung in der EU dem Sinne nach, so etwas dürfe sich kein zweites Mal wiederholen. Trotzdem hat sich seither an der militärischen Impotenz der EU sehr wenig, und das Wenige auch nur sehr langsam geändert. Was ist die Ursache dafür?

Das hat mehrere Ursachen. Die wohl wichtigste ist, dass an eine echte Bedrohung Europas niemand so recht glaubt. Seit dem Zusammenbrechen des Sowjetregimes ist die Zeit des „Kalten Krieges“ vorbei und man glaubte, dass eigentlich niemand auf der Welt ein Interesse haben könnte, Europa militärisch anzugreifen. Es war daher ein böses Erwachen, als man feststellen musste, dass auch Europa noch nicht überall befriedet ist, und es ist ein Alarmsignal, dass Europa nicht selbst in der Lage war, selbst rechtzeitig und ausreichend friedensschaffend einzugreifen. Der Politik ist vorzuwerfen, dass sie diesen Anlass nicht ausreichend genützt hat, um die europäische Entwicklung in Richtung gemeinsamer militärischer Strukturen rasch genug voranzutreiben. Entschuldigend muss man allerdings hinzufügen, dass eine solche Politik nach wie vor auf öffentlichen Widerstand stößt.

Anders sieht die Öffentlichkeit die Lage in Bezug auf die wachsende Zahl an Terrorakten und auch in Bezug auf die zunehmende Häufigkeit von großen Naturkatastrophen. Daher wäre es nahe liegend, mit europäischen Strukturen die Bekämpfung dieser Probleme zu beginnen. Wenn dann die Bevölkerung spürt, dass in der Krisen- und in der Terrorbekämpfung europäische Strukturen funktionieren, dann wird sie auch eher bereit sein zu akzeptieren, dass Ähnliches für die militärische Seite ebenfalls die beste Option wäre.

Eine andere Ursache für das politische Nichthandeln ist natürlich auch, dass der Anteil der Pazifisten in Europa wesentlich höher ist als anderswo in der Welt. In diesem Zusammenhang ist es fundamental, dass Europa seine Glaubwürdigkeit in Bezug auf seine militärische Strategie behält. Es muss klar sein, dass Europa militärisch nur im Fall einer Verteidigungsnotwendigkeit agiert und von vornherein auf Aggressionen verzichtet.

40 Da Soldaten im äußersten Fall ihr Leben zu riskieren bereit sein müssen, braucht es für sie eine außerordentlich starke Motivation wie etwa jene, die Heimat und deren Bewohner zu verteidigen. Wie kann eine EU, die niemand als Heimat in diesem Sinne empfindet, einer „Europäischen Armee" die notwendige Motivationsgrundlage geben?

Das traditionelle Bild, dass die Männer zu den Waffen eilen, wenn die Heimat bedroht ist oder das Vaterland ruft, ist wohl angesichts der heutigen möglichen Bedrohungsbilder etwas verstaubt. Im Umgang mit internationalen Terroristen und bei der Bekämpfung von Katastrophen braucht es in erster Linie Professionalität. Profis müssen dann entsprechend ausgebildet sein und auch entsprechend bezahlt werden. Nur so kann es funktionieren.

Jede Menge Motivation braucht es hingegen in der Bevölkerung, die eine europäische Armee und eine europäische Verteidigungsstruktur akzeptieren soll. Hier stimmt es, dass mangelndes europäisches Heimatgefühl und fehlendes Europa-Bewusstsein ein Hindernis für die Vergemeinschaftlichung der äußeren Sicherheit darstellen. Dieses Hindernis lässt sich jedoch nur dadurch aus dem Weg räumen, dass es gelingt, die Betroffenheit in Bezug auf Europa zu verbreitern. Es genügt nicht, nur mit der Parole zu arbeiten, dass Europa alle angeht, sondern es muss uns gelingen, tatsächlich jenen sprichwörtlichen „Ruck" zustande zu bringen, der dazu führt, dass das Gefühl entsteht: „Wir alle sind Europa und haben in diesem Europa unsere Wurzeln". Heimat-Bewusstsein ist schließlich nichts anderes als zu wissen, wo man seine Wurzeln hat.

5. Kapitel

Wer Visionen hat, braucht einen Arzt – demnach strotzen die politischen Eliten Europas nur so vor Gesundheit oder: Leadership, verzweifelt gesucht

Man kann die Geschichte der europäischen Integration durchaus als „Geschichte des Unmöglichen, das möglich wurde" verstehen. Denn wer in den rauchenden Trümmern Europas nach dem Ende des Zweiten Weltkrieges prophezeit hätte, dass ein halbes Jahrhundert später beispielsweise die Grenze zwischen Deutschland und Frankreich für den gewöhnlichen Reisenden nicht mehr merkbar sein wird, in Berlin wie in Paris ein nie zuvor da gewesener Wohlstand herrschen wird und sogar in beiden Ländern mit dem gleichen Geld bezahlt werden wird – der wäre wohl für verrückt erklärt worden.

Dass es dennoch genau so kam, hängt natürlich nicht nur, aber eben auch und in einem hohen Ausmaß mit der bisherigen Entwicklung der EU zusammen.

Und dabei fällt auf, dass gerade die wesentlichen Schritte zur europäischen Integration auf eher nonchalant-elitäre Art entschieden wurden und nicht eben auf plebiszitärer Basis; zwar natürlich demokratisch legitimiert, aber nicht gerade von breiten demokratischen Mehrheiten inspiriert. Weder die Osterweiterung der EU noch die Einführung des Euro entsprachen ja in Wirklichkeit einem dringenden Bedürfnis der Wählermassen, trotzdem ist die Richtigkeit dieser Schritte weitgehend unumstritten.

Es ist daher durchaus nachvollziehbar, dass die EU in der zeitgenössischen Debatte meist als „Elitenprojekt" beschrieben wird, also als politische Agenda, die eher von oben nach unten entwickelt wurde.

Nicht zuletzt deshalb sind die wesentlichen Schritte der europäischen Integration auch mit den Namen großer Staatsmänner verbunden, die manchmal gegen erheblichen Widerstand in den eigenen Reihen den Prozess der europäischen Einigung vorangetrieben haben wie etwa zu ihrer Zeit François Mitterand und Helmut Kohl.

Stimmt man dieser Analyse zu, verlangt das langfristige Funktionieren der EU geradezu das Vorhandensein von Staatsmännern, die nicht nur kurzfristig nach der nächsten Wahl schielen, sondern die auch über „Leadership" verfügen, also die Fähigkeit, den Wähler von strategisch als notwendig erkannten Politiken zu überzeugen (wie etwa im Falle der Osterweiterung).

Das heißt: Nur wenn die Staats- und Regierungschefs der EU, die sich üblicherweise zweimal jährlich zu einem Gipfel (formal eigentlich: „Europäischer Rat") treffen und in diesem Rahmen die mittel- bis langfristige Entwicklung der Union vorgeben (sollen), über so etwas wie Visionen verfügen, kann sich die EU weiterentwickeln.

Wie sehr hingegen jeder Fortschritt blockiert wird, wenn die einflussreichsten Regierungschefs der EU – aus welchen Gründen auch immer – wenig Interesse an europäischen Visionen haben, zeigte sich beispielhaft in der ersten Jahreshälfte 2005. Damals regierten in Deutschland der im Abgang befindliche Gerhard Schröder, in Großbritannien und Frankreich die politisch schwer angeschlagenen Staatsspitzen Jacques Chirac und Tony Blair – die allesamt einen außerordentlich hilflosen Eindruck machten, als die EU nach der Ablehnung der Verfassung in eine schwere Krise taumelte.

41 *Seit der Ablehnung des Verfassungsvertrages in Frankreich und den Niederlanden wird immer wieder argumentiert, die EU brauche überzeugungsstarke politische Führungspersönlichkeiten, um aus der derzeitigen Krise herauszukommen. Heißt das nicht implizit, dass die politischen Inhalte der EU-Agenda selbst offenbar nicht überzeugend genug sind?*

Um überzeugend Politik betreiben zu können, braucht es mehr als „nackte“ Tatsachen. Politik ist nun einmal nicht nur rational, sondern in einem hohen Maße emotional. Daher braucht es unbedingt politische Symbole und auch Gesichter, um die Emotionen der Menschen anzusprechen und eine mentale Brücke zu den Bürgern zu bauen. Überzeugungsstarke politische Führungspersönlichkeiten sind eine Voraussetzung für erfolgreiche Politik. An derartigen Persönlichkeiten herrscht zurzeit zweifellos ein Mangel. Verstärkt wird dieses Dilemma noch dadurch, dass europäische Projekte einfach länger zu ihrer Realisierung brauchen. Die Verwirklichung des Binnenmarktes, die Einführung des Euro oder auch die Freiheit des Personenreiseverkehrs haben jeweils 15 Jahre gebraucht, um vollständig umgesetzt zu werden. Logischerweise blicken nationale Leader aber immer mit einem Auge auf den nächsten Wahltermin, und nachdem Wahlen mindestens alle fünf Jahre stattfinden, ist es bei großen europäischen Projekten unmöglich, schon nach einer Gesetzgebungsperiode mit Erfolgen aufzuwarten. Das macht dann solche Projekte für Wahlstrategen wenig interessant.

Abgesehen davon funktioniert das Betreten von politischem Neuland immer wie eine Großinvestition; man braucht einen verdammt langen Atem. Jeder Unternehmer weiß davon ein Lied zu singen: Eine solche Investition muss zunächst sorgfältig geplant werden, dann müssen die Risiken abgeschätzt und der mögliche Nutzen ermittelt werden – und nur wenn dieser im Verhältnis zu den Kosten groß genug ist, kann man auch eine Investition wagen. Trotzdem stehen am Beginn immer zuerst Kosten und besteht immer ein – wenn auch in der Regel kontrollierbares – Risiko. Den Profit der Investition kann nicht selten erst die nächste Managergeneration einheimsen.

Genau um diesen langen Atem geht es auch in der europäischen Politik. Und das bedeutet letztlich auch europäische Leadership. Das Gegenteil von politischer Leadership ist allerdings, wenn immer wieder nationale Politiker auftreten und über Europa unwahre Behauptungen aufstellen, die ihnen politisch gerade in den Kram passen. Es ist ganz einfach zu billig, sich an der Europäischen Gemeinschaft abzuputzen, obwohl man in der Regel ja am Zustandekommen von europäischen Gesetzesvorschriften selbst mitgewirkt hat.

42 *Die für die Bürger wichtigsten und wahrnehmbarsten Folgen der europäischen Integration wie etwa Schengen oder der Euro wurden von mehr oder weniger charismatischen „Leaders“ wie Helmut Kohl, François Mitterand oder Jacques Delors verwirklicht, ohne dass das Volk dabei in aller Regel groß gefragt worden ist. Ist mit dem gescheiterten Verfassungsvertrag nicht auch gerade diese Form der europäischen Politik abgestraft worden?*

Der Erfolg hat diesen politischen Führern, die die europäische Integration wesentlich vorangebracht haben, Recht gegeben und sie nicht abgestraft.

Die Errungenschaften von Schengen (Reisen ohne Pass) werden heute von der Bevölkerung durchaus geschätzt, und auch die Kritik am Euro fällt geringer aus, als man das am Anfang vermutet hatte. Diese Leute haben in der Tat Leadership bewiesen. Sie haben ihre Projekte sehr sorgfältig geplant, haben aber auch über genügend politischen Instinkt verfügt, um zu spüren, dass die Zeit – etwa für die Einführung des Euro – reif war. Was hat sich da der damalige Bundeskanzler Helmut Kohl in Deutschland nicht alles anhören müssen? Man hat ihm vorgeworfen, er zerstöre die Qualität der deutschen Wirtschaft und die harte D-Mark. Das ist sogar so weit gegangen, dass eine Gruppe von Wissenschaftlern den Bundeskanzler vor dem deutschen Verfassungsgerichtshof geklagt hat, um zu verhindern, dass Deutschland der Einführung des Euro zustimmt. Kohls konsequente Haltung hat ihn sicher auch Wählerstimmen gekostet; dennoch hat er sich nie von seinem Weg abbringen lassen, weil er sich sicher war, dass es der richtige gewesen ist. Und wie wir heute sehen können, hat er Recht behalten. Das ist gemeint, wenn davon die Rede ist, dass ein Politiker auch bereit sein muss, politisches Risiko auf sich zu nehmen.

Wenn man an der Vorgangsweise der früheren Leader etwas kritisieren kann, dann ist es ihre Tendenz, politische Entscheidungen hinter geschlossenen Türen zu fällen und als „Old-Boy-Network" zu funktionieren. Moderne Leadership dagegen muss sich vor den Augen der Öffentlichkeit abspielen, muss transparent und nachvollziehbar sein. Insofern war etwa die Entscheidung, den neuen Verfassungsvertrag durch einen Konvent ausarbeiten zu lassen, sicher richtig. Transparenz erfordert natürlich auch mehr politischen Dialog: Die Leader müssen bereit sein, sich hinzustellen und ihren Völkern zu erklären, warum sie eine Maßnahme setzen und warum sie der Meinung sind, dass die von ihnen gewählte Vorgangsweise die richtige ist und nicht eine andere.

Mehr Transparenz hätte zudem den Vorteil, dass sich die europäischen Chefs auf ihre eigentliche Zuständigkeit konzentrieren könnten und sich nicht ständig mit dem Hineinregieren in die Zuständigkeit anderer Institutionen beschäftigen müssten. Es ist nicht einzusehen, dass auf einem EU-Gipfel stundenlang beispielsweise darüber diskutiert wird, ob ein Land einen Nachlass für fällig gewordene Sanktionszahlungen wegen Milchüberlieferungen erhalten soll. Die wenige Zeit, die die europäischen Leader miteinander verbringen, muss dazu dienen, die großen Zukunftslinien für Europa zu diskutieren und die europäische Lokomotive unter Dampf zu setzen.

43 Wenn ein Bundeskanzler, ein Premierminister oder ein Ministerpräsident heute von einer wichtigen Entscheidung aus Brüssel in sein Land zurückkommt und verkündet, die dort von ihm mitgetragene Entscheidung sei zwar sehr gut für die EU, nur leider nachteilig für sein Land – er würde wohl mit nassen Tüchern aus dem Amt gejagt werden. Wie soll unter den Bedingungen dieser Logik eigentlich eine europäische Politik entstehen, die mehr ist als der kleinste gemeinsame Nenner der Interessen der Mitglieder?

Das ist vor allem deshalb eine schwierige Frage, weil der Wert einer Gemeinschaft zum Unterschied von der Summe der Einzelteile nicht so leicht sichtbar gemacht werden kann. Eines ist wohl klar: Eine Gemeinschaft macht nur dann Sinn, wenn sie mehr ist als die Summe ihrer Teile. Keiner braucht eine EU, die nicht mehr als die Summe ihrer Mitgliedsstaaten kann. Wie aber soll ein Politiker erklären, dass eins und eins mehr sein könnte als zwei? In einem gemeinsamen Miteinander kann man eben Interessen bündeln, Kosten sparen, größere Effizienz erzielen und vieles andere mehr bis hin zu dem Bild, das der frühere Landeshauptmann von Tirol, Eduard Wallnöfer, immer wieder gebraucht hat: Wenn man eine größere Zahl von einzelnen Weidenruten hat, so ist es jedem Kind möglich, jede dieser Weidenruten zu brechen. Schnürt man diese Ruten jedoch eng zusammen, so ist es unmöglich, den Bund von Ruten zu knicken; ja die Stärke des Bundes ist umso größer, je fester die einzelnen Ruten aneinander gebunden sind.

Lässt sich dieses Bild nicht auch auf Europa anwenden? Sind wir nicht nur dann stärker, wenn wir tatsächlich eine Gemeinschaft eingehen und konzertiert auftreten statt als 25 Einzelstaaten, von denen keiner in der Lage ist, das notwendige Gewicht auf die Waage zu bringen, das man braucht, um globale Entscheidungen beeinflussen zu können?

Um die Vorteile der Europäischen Gemeinschaft sichtbar zu machen, ist es entscheidend, dass für jeden Mitgliedsstaat die Vorteile überwiegen und der Nutzen größer ist als die Kosten. Und das lässt sich wohl unschwer zeigen: Wo stünde Österreich heute, wenn es vor zehn Jahren nicht der Europäischen Union beigetreten wäre? Unser Wohlstand wäre mit Sicherheit wesentlich niedriger, Auslandsinvestoren hätten wenig Interesse, in Österreich zu investieren, daher wären auch weniger Arbeitsplätze und damit eine höhere Arbeitslosigkeit die Folge; Österreich müsste dennoch das, was auf europäischer Ebene an Gesetzen beschlossen wird, im Österreichischen Nationalrat nachvollziehen, weil ansonsten die österreichische Wirtschaft noch weniger Chancen hätte, auf den europäischen Märkten Erfolge zu haben. Auch die Liquidierung der Verstaatlichten Industrie und ihre Überführung in mittlerweile höchst erfolgreiche private Betriebe wäre ohne Mitgliedschaft in der Europäischen Union wohl nicht gelungen. Sogar die Landwirtschaft kann positiv bilanzieren: Wir sind ja gerade vor Abschluss der so genannten „Uruguay-Runde“ der Europäischen Union beigetreten und hätten auch außerhalb der Union die Verpflichtungen aus der „Uruguay-Runde“ übernehmen müssen, was nichts anderes bedeutet, als im Wesentlichen dieselben Reformen, die die Europäische Union durchgeführt hat, auch unter eigener Verantwortung durchzuziehen.

Die europäischen Leader sollten daher nicht so zaghaft sein und immer glauben, dass sie in politische Schwierigkeiten geraten, wenn sie bei Beschlüssen mitwirken, die nicht in jedem Fall nur Vorteile für das eigene Land bedeuten. Das ist Leadership.

44 Da ein Mitglied der EU-Kommission dort ja nicht die Interessen des sie oder ihn entsendenden Landes zu vertreten hat, sondern jene der Union, haben die jeweiligen Regierungsparteien der Mitgliedsstaaten eigentlich kein besonderes Interesse, ihre am meisten kampfstarken Politiker in die Kommission zu schicken. Ist es nicht ein grundlegender Konstruktionsfehler der EU, dass die Mitglieder auf diese Art und Weise motiviert werden, eher nicht die allerbesten verfügbaren Politiker nach Brüssel zu schicken?

Das ist ganz sicher kein Konstruktionsfehler, denn man muss sich nur vorstellen, wie eine Europäische Kommission agierte, wenn die Mitglieder der Kommission nur ihre nationalen Interessen wahrnehmen würden. Nationale Interessensvertreter gibt es in der Europäischen Union genug. Das sind die Minister in den Ministerräten, die Regierungschefs beim Europäischen Rat, die Abgeordneten zum Europäischen Parlament, die Mitglieder des Ausschusses der Regionen etc. Es erhebt sich daher viel eher die Frage, wer denn eigentlich das europäische Interesse wahrnimmt. Es gehört zu den größten Geniestreichen der Europäischen Unions-Geschichte, dass die Gründerväter erkannt haben: Wenn man Interessen gemeinsam wahrnehmen möchte, dann muss man die Vertretung dieser Interessen an europäische Institutionen übertragen. Die „Hohe Behörde", wie die Vorläuferinstitution der Kommission genannt wurde, hat schon von Beginn an die Verpflichtung gehabt, ausschließlich dem europäischen Interesse zu dienen, und dabei ist es bis heute geblieben.

Die Gründe, warum nicht immer die besten Leute nach Europa geschickt werden, sind deshalb ganz andere. Ausschlaggebend ist die Frage, welche Priorität die Europäische Union in der nationalen Politik genießt. Das wird von einzelnen Mitgliedsstaaten durchaus unterschiedlich beurteilt, aber wenn man sich die aktuelle Zusammensetzung des Europäischen Parlaments oder auch die Mitglieder der Kommission ansieht, so kann man doch sagen, dass der alte Spruch „Hast du einen Opa, schick ihn nach Europa“ schon längst ausgedient hat. Abgesehen davon zeigt sich auch, dass es sich allemal lohnt, politische Schwergewichte nach Brüssel zu schicken, weil sich die dann auch entsprechend durchsetzen können und eine gute europäische Politik machen, die letztlich auch im Interesse jenes Landes liegen muss, aus dem ein Kommissar kommt.

Noch einen Faktor gibt es, der da und dort bei der Entsendung von europäischen politischen Führungskräften eine Rolle spielt: Der eine oder andere politische Leader mag wohl auch daran denken, dass eine starke politische Persönlichkeit in der Lage sein könnte, europäische Interessen auch gegen seine nationalen Interessen durchzusetzen, und das könnte dann ja unangenehm werden. Also ist es besser, jemand zu entsenden, über den man sich im Notfall auch leichter hinwegsetzen kann. Unter dem Strich zeigt sich eines: In der Regel entsenden starke politische Leader auch starke Europa-Politiker, nur schwächere haben damit Probleme.

45 *Dass sich die EU in Richtung auf eine Art Bundesstaat zubewegt, ist für die Bürger gerade in den vergangenen Jahren – etwa durch den Euro – bemerkbar geworden und hat nicht zuletzt auch im Zusammenhang mit der Osterweiterung zu entsprechenden skeptischen bis ablehnenden Reaktionen geführt. Ist es da nicht irgendwie logisch, dass gerade Politiker, die über Leadership verfügen, einen eher EU-kritischen Kurs steuern, um ihre Wahlchancen zu verbessern?*

Die Qualität eines echten Leaders besteht unter anderem wohl darin, dass er nicht zu Hause das Gegenteil von dem sagt, was er in Brüssel mitbeschließt. Man darf ja nie vergessen, dass die Kommission zwar Vorschläge macht, aber die Entscheidungen immer von den Vertretern der Mitgliedsstaaten und vom Europäischen Parlament getroffen werden. Und wenn es um ganz zentrale Fragen geht – wie etwa die Euro-Einführung –, dann sind das ohnedies Entscheidungen, die auf einstimmigen Beschlüssen der Regierungschefs beruhen.

Leadership muss daher vor allem dadurch gezeigt werden, dass die Wählerinnen und Wähler auf die jeweiligen Entscheidungen, die in der Regel ohnehin Jahre an Vorlaufzeit brauchen, gut vorbereitet werden. Ein Leader stellt sich nun einmal in die Öffentlichkeit und erklärt und rechtfertigt sein Handeln. Es kann schon sein, dass das aufwändiger ist als die Ausrede zu gebrauchen, dass man eigentlich ohnehin seine Skepsis zu dem jeweiligen Beschluss in Brüssel geäußert hätte – aber das ist eben der Unterschied zwischen Leader und Populisten.

Ganz abgesehen davon: Es ist nun einmal Teil einer jeden Demokratie, dass man bei Abstimmungen auch unterliegen kann, auch auf europäischer Ebene. In der Europäischen Union sind ohnedem jede Menge Sicherheitsventile vorhanden, die gewährleisten, dass man in den fundamentalen Fragen eines Staates nicht überfahren werden kann. Letztlich gilt wohl nach wie vor der Satz von Ingeborg Bachmann: „Die Wahrheit ist den Menschen zumutbar."

46 Je mehr die Nationalstaaten an Souveränität verlieren, umso geringer wird dadurch der Spielraum. Könnte es sein, dass damit die Rekrutierung von Politikerpersönlichkeiten mit Leadership schwieriger wird, weil die angesichts der immer geringer werdenden nationalen Handlungsspielräume dann lieber in die Wirtschaft gehen, wo sie wenigstens reich werden können?

Es ist zwar richtig, dass immer weniger Spitzenleute bereit sind, in die Politik zu gehen, aber der mangelnde Handlungsspielraum auf nationaler Ebene ist dafür sicher nicht der Grund. Es gibt nach wie vor jede Menge Politikfelder, in die sich Europa überhaupt nicht einmischt. Zudem werden mehr als 90 Prozent der europäischen Politik durch die nationalen Verwaltungen umgesetzt. Kein Minister muss sich daher über Mangel an Arbeit beklagen. Wenn man ferner bedenkt, dass das Parlament auch wichtige Kontrollfunktionen ausübt, so ist auch nach wie vor eine ausreichende Attraktivität für einen Parlamentarier vorhanden.

Die wahren Gründe, warum immer weniger Leute bereit sind, in die Politik zu gehen, haben damit zu tun, dass infolge der so genannten „Politikerprivilegien-Debatte" politische Ämter deutlich an Attraktivität verloren haben. Manche glauben ja, dass die Politiker solange privilegiert sind, solange sie auch nur einen Euro über dem österreichischen Durchschnittseinkommen verdienen. Nur vergisst man dabei, dass Spitzenleute in jedem Bereich und in jeder Branche überdurchschnittlich bezahlt werden müssen, ansonsten kriegt man sie ganz einfach nicht. Ebenso mindert das Image in der Gesellschaft die Attraktivität politischen Arbeitens. Immer wieder tauchen in der Öffentlichkeit Umfrageergebnisse auf, in denen sich die Politiker mit den Prostituierten (oder Journalisten) um den letzten Platz des Images in unserer Gesellschaft duellieren.

Schließlich empfinden es manche Hoffnungsträger auch als einengend, wenn mancherorts Parteiraison vor Staatsinteresse geht.

Die meisten dieser Schwierigkeiten bestehen auf der europäischen Ebene nicht. Daher ist es auch besonders attraktiv, Europa-Politik zu machen. Europäische Politiker sind adäquat bezahlt, Professionalität und Wissen können sich durchsetzen, das bessere Argument schlägt, politische Parteien spielen nur eine untergeordnete Rolle, und bei jeder Umfrage stellt sich heraus, dass zwar das Image der Europa-Politiker auch schlecht ist – aber fast immer wesentlich besser als das der nationalen Politiker.

47 *Alle Politikergenerationen Europas seit dem Ende des Zweiten Weltkrieges konnten ihren Wählern aufgrund des stetigen Wirtschaftswachstums immer neue Sozialleistungen bieten. Am Beginn des 21. Jahrhunderts ist das, vor allem aus demografischen Gründen, erstmals anders, weil immer mehr Alte von immer weniger Jungen finanziert werden müssen. Wie wirkt sich das auf die Fähigkeit der Politiker aus, noch so etwas wie „Visionen“ zu entwickeln?*

Sicher ist die Zeit vorbei, wo man Politik in zuckerlrosa Watte betten konnte und die Schwierigkeiten der Politiker manchmal vor allem darin bestanden, die von Jahr zu Jahr wachsenden finanziellen Spielräume so zu nutzen, dass die eigene Klientel am besten zufrieden gestellt wird.

Heute sind ganz andere Fragestellungen akut: Wie schaut ein künftiges Wirtschafts- und Sozialmodell für Europa aus? Welche innovativen Techniken kann die Politik in der Entscheidungsfindung entwickeln, um „New Governance“ eine Realität werden zu lassen? Wie lebt man mehr Transparenz und Dialog? Wie gehen wir besser mit der Vergreisung unserer Gesellschaft um? Was tun wir in Bezug auf die immer notwendiger werdende Einwanderung?

Kurz, in allen wesentlichen gesellschaftlichen Bereichen sind neue visionäre Ansätze dringlich, deshalb hat sich ein altes Bonmot in sein Gegenteil verkehrt: Wer keine Visionen hat, braucht zwar keinen Arzt, aber sicher ein Kreativitätstraining, denn Visionen und Kreativität sind heutzutage so notwendig wie selten zuvor.

48 Gerade angesichts der wirtschaftlichen Flaute in vielen Mitgliedsländern der Union gedeihen populistische Parteien und Politiker von rechts, aber neuerdings auch von links, besonders gut und setzen damit die pragmatische Politik schwer unter Druck, nicht zuletzt in Fragen der europäischen Politik. Wie ist dem am besten zu begegnen?

Populisten haben auf alle Probleme einfache Lösungen parat. Nur sind in Wirklichkeit diese „einfachen Lösungen" überhaupt keine Lösungen. Aber die Wähler sind fürs Erste damit zufrieden, insbesondere dann, wenn die wirklichen Schwierigkeiten zu wenig bekannt sind. Wie man derartigen Tendenzen am besten begegnen kann, dafür gibt es zwar kein Patentrezept, aber einige Beispiele können zeigen, was erfolgreich ist und was nicht.

Über weite Strecken hat sich beispielsweise die Position des österreichischen Bundeskanzlers Wolfgang Schüssel als vernünftig herausgestellt, nämlich auf Populismus erst gar nicht einzugehen, um nicht noch unfreiwillig zu seiner Verbreitung beizutragen.

Ein anderes Rezept, nämlich das des Ausgrenzens, hat sich als weniger erfolgreich herausgestellt. Dieses Konzept funktioniert nur dann, wenn es sich um wirklich extreme Positionen handelt, und nur solange, solange die Anhänger derartiger Ideen in der Gesellschaft als Außenseiter gelten. Sobald jedoch eine Bewegung eine gewisse Größe erlangt, ist dieses Konzept kontraproduktiv, was sich anhand der Ausgrenzungspolitik, die der frühere Bundeskanzler Franz Vranitzky gegenüber Jörg Haider betrieben hat, sehr klar bestätigen lässt.

Eine dritte Möglichkeit ist, die Populisten überall zu stellen, wo man sie trifft.

Die konsequenteste Form, solche Leute beim Wort zu nehmen, ist sie in Verantwortung einzubinden. Es zeigt sich immer wieder, dass Politiker, die zuerst durch Verbal-Radikalismus auffallen, dann, wenn sie mit in die Verantwortung genommen werden, durchaus pragmatische Ansichten bekommen und an ihrer Verantwortung entweder wachsen und damit demokratische Reife erlangen oder eben ihre Unfähigkeit aufgedeckt wird und sie damit aus dem Blickfeld verschwinden.

Jede Partei der Mitte ist jedoch gut beraten, nicht nur auf die anderen loszugehen oder zu überlegen, wie man den politischen Mitbewerber in den Griff bekommt, sondern auch die Fehler im eigenen Bereich zu sehen und auszumerzen. Dazu gehört, jede Abgehobenheit im Keim zu ersticken und volksnah zu sein, gewissermaßen „den Leuten aufs Maul zu schauen" und in einer Sprache zu reden, die die Menschen als die ihre empfinden. Dazu gehört es aber auch, dass man den Unwillen der Mitbürgerinnen und Mitbürger nicht sich aufstauen lässt, sondern versucht, Probleme auszudiskutieren und auch bereit ist, wo sich das als notwendig herausstellt, Positionen zu ändern. Parteien oder Politiken, die sich als monolithische Blöcke gerieren oder als solche empfunden werden, büßen zwangsläufig an Unterstützung ein. Nicht zufällig heißt ein alter Spruch, dass Wahlen niemals von der Opposition gewonnen, sondern immer nur von den regierenden Parteien verloren werden. Diese alte Weisheit bedeutet nichts anderes als auf gut Wienerisch: „nichts anbrennen lassen" und statt einer bloß reaktiven eine proaktive Politik zu betreiben.

49 *Jene Politiker, die in zehn oder zwanzig Jahren Leadership auf den Boden bringen werden, sind wahrscheinlich zum Großteil heute schon in den verschiedenen EU-Ländern politisch aktiv. Wer könnte in Zukunft zu dieser Gruppe „Neuer Leader" Europas gehören? Aus welchen Organisationen oder Institutionen könnten sie kommen?*

Über Personen zu spekulieren macht wenig Sinn, weil die Karriere eines Politikers in Wahrheit von sehr vielen Zufälligkeiten abhängig ist. Abgesehen davon tut man einem Jungpolitiker in der Regel nichts Gutes, wenn man ihn oder sie mit Vorschusslorbeeren überhäuft.

Wesentlich interessanter ist daher die Frage, woher, aus welchen Institutionen Politiker künftig kommen werden. In der Vergangenheit war es – insbesondere in Österreich – üblich, dass sich Politiker durch die Hierarchien der Parteien hinaufdienen mussten, um dann irgendwann einen wählbaren Listenplatz zu ergattern. Diese Art, politische Karriere zu machen, geht zurück. Man kann jedoch den Leuten, die einen Teil ihrer Zeit der politischen Basisarbeit widmen, nicht jede Perspektive nehmen, indem man so tut, als ob eine Karriere aus einer Partei heraus überhaupt nicht mehr möglich wäre.

Auch die so genannten „Quereinsteiger" haben nicht mehr so viel Saison, wie sie in den letzten zwei Jahrzehnten gehabt haben. Eine Zeit lang ist ja der Eindruck entstanden, dass das „Aus-dem-Hut-Zaubern" von bis dato eher unbekannten Persönlichkeiten und ihnen sofort ein hohes politisches Amt anzutragen, die Lösung des Personalmangels in der Politik bringen könnte. Einige dieser Quereinsteiger haben sich zwar durchaus politisch durchgesetzt, andere haben aber auch total versagt. Und immer häufiger ist der Eindruck entstanden, dass Quereinsteiger eher als Notnagel herhalten mussten, weil man nicht in der Lage war, auf andere Weise gute Kandidaten zu rekrutieren.

Soll man dann Headhunter einschalten, um politischen Nachwuchs zu rekrutieren? Auch das wird nicht allzu viel bringen, weil in den Headhunter-Karteien die Kategorie „Politische Nachwuchshoffnung" wohl nur selten enthalten sein wird. Was aber sehr wohl Sinn machen kann, ist bei denkbaren Kandidaten Persönlichkeitstests durchführen zu lassen, z. B. die Belastbarkeit oder die Spontaneität eines Menschen zu prüfen und ähnliches.

Die meisten politischen Talente schlummern derzeit wohl in den verschiedensten politischen Vorfeldorganisationen und in diversen NGOs (Nicht-Regierungsorganisationen). Das ist das große Reservoir, aus dem heraus mehr Politiker kommen werden als von sonst wo. Ihr Vorteil ist, dass sie eine Art politischer Übungswiese zur Verfügung haben und – ohne im Rampenlicht zu stehen – ein politisches Trainingscamp durchlaufen können. Um politisch erfolgreich zu sein, braucht es nun einmal auch eine Grundausstattung an politischem Hand- und Mundwerkzeug. Außerdem setzen sich in den größeren NGOs jene Leute durch, die über eine ausreichende Führungsqualität verfügen und die die Aufmerksamkeit der Mitglieder der Organisation auf sich ziehen und Vertrauen gewinnen können.

50 Abgesehen von Ausnahme-Persönlichkeiten wie etwa dem Grünen EP-Abgeordneten Daniel Cohn-Bendit gibt es sehr wenige Politiker, die über die Grenzen ihres jeweiligen Landes hinaus Beachtung finden. Woran liegt das?

Bezogen auf die Europa-Politik liegt das zuallererst und am meisten daran, dass die Europa-Politik nach wie vor national präsentiert und im Wesentlichen nur regional gelebt wird. Jeder Europa-Parlamentarier fühlt sich in erster Linie seinem Wahlbezirk verpflichtet. In den Wahlkämpfen zum Europa-Parlament werden vor allem nationale Forderungen erhoben, und da noch häufig solche, die in anderen Mitgliedsstaaten auf Widerstand stoßen. Dann gibt es ganz einfach auch die Sprachbarrieren, die die überregionale Verbreitung von Politik schwieriger machen.

Dass der Grünen-Politiker Cohn-Bendit mehr als die meisten anderen Mitglieder des Europäischen Parlaments über die Grenzen hinaus bekannt ist, hat sehr viel mit seinen persönlichen Qualitäten zu tun und damit, dass er ja französischer und deutscher Staatsbürger ist, und schließlich auch damit, dass er als Persönlichkeit schon seit dem 68er-Jahr über die Grenzen hinaus bekannt ist. Es hängt aber sicher auch damit zusammen, dass bisher die Grüne Partei in Europa die einzige war, die ernsthaft Anstrengungen unternommen hat, um sich als europäische Partei mit einem gemeinsamen europäischen Programm zu präsentieren.

Solange wir weiterhin hauptsächlich nur nationale europäische Politiken – also eine deutsche, österreichische, französische oder britische – Europa-Politik haben und solange es nicht dazu kommt, dass sich die verschiedenen politischen Bewegungen europäisch formieren und auch europäisch auftreten, darf man sich nicht wundern, dass die Repräsentanten einer solchen Politik nur selten über die nationalen Grenzen hinausreichen.

6. Kapitel

Brüssel ist an allem Schuld oder: Warum Sündenböcke überraschenderweise nicht sonderlich beliebt sind

Der deutsche Innenminister Wolfgang Schäuble formulierte, kurz bevor er in das Kabinett Merkel berufen wurde, die Malaise klar und präzise: „Das Problem ist eigentlich ..., dass die verantwortlichen Politiker im Moment die Probleme, die sie im eigenen Land nicht lösen, auf Europa schieben. Das ist (zum Beispiel) beim Stabilitätspakt so: Der Stabilitätspakt und der Euro sind ja nicht das Problem, sondern das Problem sind die nationalen Regierungen, insbesondere die deutsche Bundesregierung – wir sind ja die schlimmsten mit dem schwächsten Wachstum und mit einer hohen Verschuldung –, die trotz gegebener Zusage für den Stabilitätspakt massiv dagegen verstoßen haben und jetzt den Stabilitätspakt mutwillig zerstören, obwohl wenn wir etwas nicht zu wenig haben, dann sind es Staatsverschuldungen in Europa. Es ist ja wirklich Unfug, den Eindruck zu erwecken, als hätten wir die Probleme der Arbeitslosigkeit, weil wir zu wenig Schulden machen. Ganz gegenteilig: weil wir zu viel Schulden machen. Unter anderem auch deswegen haben wir zu wenig Wachstum und deswegen zu viel Arbeitslosigkeit."

Was Schäuble hier beschreibt, ist in den Mitgliedsländern der EU gängige Praxis: Wenn zu Hause irgendetwas nicht funktioniert, wird routinemäßig „Brüssel" die Schuld dafür zugewiesen.

Was die nationalen Politiker dabei regelmäßig unterschlagen: dass es in der Praxis eher selten vorkommt, dass ein Land in einer auch nur einigermaßen wichtigen Sache von der Mehrheit überstimmt wird. Wo es um vitale Interessen eines Mitgliedslandes geht, hat dieses noch immer die Möglichkeit, die als schädlich empfundenen Beschlüsse der EU zu blockieren.

Das bedeutet jedoch umgekehrt: Worüber sich die nationalen Regierungen in Richtung Brüssel echauffieren, das haben sie in der Regel mitbeschlossen, was die Minister oder Regierungschefs jedoch bereits häufig schon im Flieger von Brüssel nach Hause zu vergessen pflegen.

Freilich muss nicht alles, was wie ein Konflikt aussieht, auch ein Konflikt sein. Denn wenn etwa ein nationaler Finanzminister in der Öffentlichkeit die scheinbar zu rigiden Vorgaben des Stabilitätspaktes und die daraus resultierenden Rügen aus Brüssel beklagt, kann er hinter den Kulissen durchaus dankbar für diese „Hilfe aus Brüssel" sein, Begehrlichkeiten der Ministerkollegen oder der Opposition abzuwehren.

Beliebt ist freilich auch die umgekehrte Methode: Nicht selten versuchen Mitgliedsstaaten Regelungen, die sie aus Gründen mangelnder Popularität nicht auf nationaler Ebene beschließen wollen, via EU Gesetz werden zu lassen (das dann ja national „nachzuvollziehen" ist).

In beiden Fällen leidet die Glaubwürdigkeit der europäischen Institutionen erheblich. „Wenn sie (die Mitgliedsstaaten) Brüssel weiterhin als einen Sündenbock für alles, was bei ihnen im Land schief geht, missbrauchen und über die ‚verdammten Bürokraten in Brüssel' reden, dann werden wir es nicht schaffen, Informationen über konkrete Maßnahmen zu vermitteln, die das Leben sicherer machen", beklagt sich der ehemalige EU-Justizkommissar Antonio Vitorino nicht zu Unrecht. Wobei es übrigens die Aufgabe des biblischen Sündenbockes war, einmal im Jahr symbolisch die Sünden des jüdischen Volkes aufgeladen zu bekommen – und anschließend auf Nimmerwiedersehen in die Wüste gejagt zu werden.

51 Die Politiker der EU-Mitgliedsstaaten pflegen üblicherweise alles, was das Volk ärgert, auf Brüssel abzuschieben, während sie jede Verbesserung der allgemeinen Lebensumstände als eigenen Verdienst darzustellen suchen. Das macht zwar die EU langfristig zum Bösewicht schlechthin, ist aber doch aus der Sicht des nationalstaatlichen Spitzenpolitikers rationales Verhalten, wie es auch innerhalb eines Bundesstaates immer wieder vorkommt. Welche strukturellen Änderungen wären daher sinnvoll, um die EU dieser Logik folgend nicht immer nur als das Reich des Bösen erscheinen zu lassen?

So ganz neu sind diese Mechanismen ja nicht. Jeder gelernte Österreicher, insbesondere derjenige, der in der Steiermark oder in Tirol oder in Vorarlberg zu Hause ist, könnte viele Beispiele anführen, wo Landespolitiker versucht haben, die Schuld an unangenehmen Entscheidungen nach Wien zu schieben. Wien gilt teilweise heute noch als der Wasserkopf und die Wiener Behörden als zentralistisch, arrogant und weltfremd – alles Attribute, die seit dem EU-Beitritt von allen Österreichern den Brüsseler Behörden zugeschrieben werden. Das Verhältnis zwischen Brüssel und dem Nationalstaat entspricht ziemlich dem, was man auf der nationalen Ebene zwischen dem Bund und den Ländern erlebt. Allerdings eignet sich Brüssel aufgrund der größeren Distanz, der Sprachenvielfalt sowie der Unwissenheit über das Brüsseler System noch viel besser als Feld für Demagogen.

Will man die EU aus der Position des Sündenbocks befreien, ist künftig eine klare Arbeitsteilung notwendig, sodass für jedermann erkennbar wird, wofür Brüssel verantwortlich ist und wofür die Nationalstaaten. Es muss in Zukunft wohl auch ein Verfahren entwickelt werden, das sicherstellt, dass Brüssel sich nicht dauernd in Dinge einmischt, die auf nationaler oder regionaler Ebene genauso gut oder sogar besser erledigt werden können, aber auch umgekehrt sicherstellt, dass dort, wo ein europäischer Mehrwert zu erzielen ist, dieser nicht blockiert werden kann.

Vor allem deutschen und österreichischen Beamten sagt man nach, die Brüsseler Gesetzgebung eher eng auszulegen, um auf diese Weise jedes Risiko eines Verfahrens vor dem Europäischen Gerichtshof oder einer Kritik vonseiten der Politik zu vermeiden. Andere Staaten – insbesondere romanische Länder – gehen hier ganz anders vor. Sie reizen den Spielraum, den Brüsseler Gesetze hergeben, in vollem Umfang aus.

Verwischen lässt sich die politische Verantwortung zwischen den Nationalstaaten und der EU aber auch dadurch, dass für den einzelnen Bürger kaum nachvollziehbar ist, wie Entscheidungen im Rat zustande kommen. Es entspricht sicher keinem modernen Demokratieverständnis, dass die Verhandlungen und Entscheidungen des Rates immer noch hinter verschlossenen Türen stattfinden. Ein Öffnen dieser Türen und ein entsprechendes Durchlüften würde von der Bevölkerung sicher begrüßt werden.

52 Der normale EU-Bürger hat immer wieder den Eindruck, die EU mische sich in viele Sachverhalte ein, die besser auf nationaler oder gar regionaler Ebene zu organisieren wären. Erleichtert es diese Regulierungswut nicht den nationalen Politikern ungemein, Brüssel zum Sündenbock zu machen, auch dort, wo gar keine Sünde begangen worden ist?

Brüssel ist in verschiedenen Bereichen ganz einfach zu weit gegangen und hat sich in Dinge eingemischt, von denen es besser die Finger gelassen hätte. Das ist bereits sehr deutlich geworden.

Dieses Unbehagen hat nunmehr der Vizepräsident der Kommission, Günter Verheugen, zum Anlass genommen, eine kräftige Durchforstung des europäischen Paragrafenwaldes vorzuschlagen. Viele entbehrliche Regelungen gehen aber nicht darauf zurück, dass die Europäische Kommission mehr Macht an sich ziehen wollte, sondern darauf, dass sie zu sehr auf die diversen Lobbys gehört hat. Selbst die viel zitierte Gurkenkrümmungsregelung geht in Wahrheit darauf zurück, dass international Gurken ebenso wie Bananen viele Jahre nicht pro Kilo, sondern pro Kiste gehandelt wurden (was im Falle stark gekrümmter Gurken oder Bananen zu erheblichen Wertminderungen des Packungsinhalts führen könnte). Das zu regeln, ist grundsätzlich nicht unvernünftig; unvernünftig ist freilich, die Handelspraxis nicht einfach auf Gewicht umzustellen.

Dazu kommt, dass viele europäische Normen und Regelungen in Wirklichkeit eine Reaktion auf die Regelungswut der Mitgliedsstaaten sind. Wenn nämlich zu einem bestimmten Thema in den 25 Mitgliedsstaaten jeweils eine andere Regelung entsteht, dann ergibt sich daraus mehr oder weniger automatisch die Notwendigkeit, eine Harmonisierung anzustreben. Die Kommission hat vor einigen Jahren eine Untersuchung über dieses Problem durchgeführt und festgestellt, dass die Mitgliedsstaaten in jedem einzelnen Jahr nach wie vor mehr neue Regelungen produzieren, als die Gemeinschaft seit ihrem Bestehen insgesamt hervorgebracht hat. Für die Zukunft kann man daher nur empfehlen: Weniger ist mehr.

53 Kein nationaler Bundeskanzler oder Premierminister, der in den entscheidenden Gremien der Union einen für die EU wichtigen Fortschritt zustande bringt, wird dafür von seinen Wählern belohnt. Belohnt werden allenfalls jene, die nationale Interessen zu Lasten der EU durchsetzen. Damit ist die EU doch in Wahrheit als eine strukturell sich selbst beschädigende Institution organisiert?

Dieser weit verbreiteten Schlussfolgerung liegt die Annahme zugrunde, dass europäische Entscheidungen immer im Widerspruch zu nationalen Interessen stehen müssen. Dem ist aber nicht so. Die große Mehrzahl der europäischen Entscheidungen liegt durchaus auch im nationalen Interesse. Ein Bundeskanzler oder Minister, der solche Entscheidungen durchsetzt, bekommt das auch von seinen Wählern durchaus belohnt. So wird die Tatsache, dass Österreich sehr gute Bedingungen für die ländliche Entwicklung durchgesetzt hat, sehr wohl von den österreichischen Bauern anerkannt. Auch dass Österreich sich in verschiedenen Umweltgesetzgebungen durchgesetzt hat, wird von vielen Bürgern positiv bewertet.

Es zahlt sich daher politisch in vielen Fällen schon aus, dass sich nationale Politiker für europäische Interessen stark machen. Woran es manchmal mangelt, ist, dass ausreichend dargestellt wird, wie sich europäische Initiativen im eigenen Lande auswirken und welchen Nutzen die Bürger daraus ziehen können. Das „Herunterbrechen von europäischen Regelungen auf die Betroffenheit der Bürger“ ist eine absolute Notwendigkeit, die häufig sträflich vernachlässigt wurde. Schwierig ist das allerdings bei Projekten wie dem Binnenmarkt, wo die politischen Kosten viel früher sichtbar wurden als der Nutzen für den einzelnen EU-Bürger.

54 In ihrem Kern war die EU zumindest bislang eine vor allem auf wirtschaftliche Verbesserungen gerichtete Angelegenheit, vom Binnenmarkt bis zum Euro. Gerade wirtschaftlich aber ist es den meisten EU-Mitgliedern in den vergangenen Jahren nicht besonders gut gegangen. Ist damit der Vorwurf eines gewissen Versagens der Politik auf EU-Ebene nicht berechtigt und nicht eine bloße Sündenbock-Stragegie?

Die Einrichtung des Binnenmarktes und die Einführung des Euro haben sicherlich beide – wie auch die Erweiterung – zur europäischen Prosperität viel beigetragen und können daher nicht für die wirtschaftlichen Probleme, mit denen wir zurzeit konfrontiert sind, verantwortlich gemacht werden. Wenn schon, dann könnte man eher damit argumentieren, dass der Binnenmarkt so viele neue Marktchancen innerhalb Europas gebracht hat, dass es für viele Unternehmen gar nicht notwendig war, sich dem internationalen Wettbewerb zu stellen, und das hat vielleicht manchmal dazu geführt, dass europäische Unternehmer wie auch europäische Arbeitnehmer geglaubt haben, dass sie sich weniger anstrengen müssten als der Rest der Welt. Dafür zahlen sie aber jetzt die Rechnung, denn im Zuge der Globalisierung lässt sich der internationale Wettbewerb an den europäischen Außengrenzen nicht mehr stoppen.

Zugegebenermaßen gibt es aber auch Versagen der europäischen Politik. Beispielsweise ist es sicher schlecht, dass die Harmonisierung wettbewerbsverzerrender Steuervorschriften nur sehr langsam vorangeht, oder dass in Europa der Forschungswettbewerb weniger entwickelt ist als in den USA.

Es wäre aber ausgesprochen gefährlich, dem Irrglauben zu verfallen, dass die Frage des Wirtschaftswachstums und die Fragen der Arbeitslosigkeit nunmehr ganz einfach von der bisherigen nationalen Zuständigkeit auf die europäische Ebene verschoben werden könnten. Das wäre so brisant, dass daraus ausreichend viel Sprengstoff entstehen könnte, um die Europäische Union in die Luft zu sprengen.

Für diese Fragen müssen alle Ebenen im Bereich ihrer Zuständigkeiten Verantwortung tragen. Statt eine Art „Schwarzer-Peter"-Spiel zu beginnen und Verantwortung hin und her zu schieben, ist mehr Koordination, Kooperation und die Einbindung aller für die Wirtschaft maßgeblichen Kräfte Europas ein Gebot der Stunde. Nur wenn es gelingt, auch die Sozialpartner und die Bürgergesellschaften in die Entscheidungsprozesse zu integrieren, und nur wenn es gelingt, dass die Mitgliedsstaaten zusammen mit den europäischen Institutionen die wirtschaftlichen Rahmenbedingungen optimieren, nur dann wird Europa wieder mehr Wachstum zustande bringen und sich gegenüber den neuen Mitbewerbern besser behaupten können.

55 Für die allermeisten EU-Bürger ist nur sehr schwer nachzuvollziehen, welche Entscheidungen in Brüssel warum und wie zustande gekommen sind, welche Kompromisse wer mit wem dabei geschlossen hat und welche Gegengeschäfte allenfalls notwendig waren. Warum bringt die EU nicht mehr Transparenz und Nachvollziehbarkeit in ihre Entscheidungen, um das Image der Hinterzimmerpolitik zum Schaden des Bürgers wegzubekommen?

Nur dann, wenn der Bürger nachvollziehen kann, was in Brüssel geschieht, kann man ihm auch zumuten, dass er ein entsprechendes Urteil darüber hat. Die Europäische Kommission versucht deshalb, so transparent wie möglich zu handeln. So wird jeder neue Vorschlag der Kommission, schon bevor er politisch entschieden wird, ins Internet gestellt, damit sich jeder Bürger an der Meinungsbildung beteiligen kann.

Fast vollkommen undurchsichtig – und das ist ein wirkliches Ärgernis – ist für den einzelnen Staatsbürger hingegen die Entscheidungsfindung im Rat. Zwar wird dort seit einiger Zeit zumindest das Abstimmungsergebnis öffentlich gemacht – aber das ist gerade so, wie wenn man aus dem Parlament nur die Abstimmungen übertragen und die Debatte hinter verschlossenen Türen führen würde.

Der Zugang der Öffentlichkeit garantiert jedoch allein auch noch nicht, dass die Entscheidungen der EU wirklich verstanden werden. Der durchschnittliche Staatsbürger braucht dazu ganz einfach Anwendungsbeispiele, Folgenabschätzungen und andere Formen der „Übersetzung“ der abstrakten Entscheidungen in sein konkretes Leben. Leider funktioniert dieser Prozess noch nicht gut genug, was angesichts von fast einer halben Milliarde Menschen und mehr als 20 Sprachen nicht wirklich überrascht, aber trotzdem unbefriedigend ist. Die Verantwortlichen in der

Europäischen Union wären daher gut beraten, wenn sie dafür sowohl mehr Humanressourcen als auch mehr finanzielle Mittel zur Verfügung stellen würden. Leider hat man bisher nicht zur Kenntnis genommen, dass das Kommunikationsproblem mit der wachsenden Zahl von Mitgliedsstaaten nicht additiv, sondern exponentiell wächst und dass daher die zur Lösung dieses Problems notwendigen Mittel auch exponentiell wachsen müssen.

56 Die EU wird von vielen Europäern nicht als eine Veranstaltung gesehen, deren Teil man ist und über deren Schicksal man bis zu einem gewissen Grad mitbestimmt, sondern eher als fremde Macht, die sich keiner Kontrolle unterwirft. Was hat die EU zu diesem Bild selbst beigetragen, und wie könnte sie es wieder loswerden?

Abgesehen von einem Mangel an professioneller Kommunikation kann man der EU in diesem Zusammenhang wenig vorwerfen. Das Problem scheint eher hausgemacht zu sein: Obwohl wir in der EU selbstverständlich mitentscheiden können und obwohl beispielsweise Österreich eine ganze Reihe zentraler Positionen besetzt, stellt sich die heimische Politik immer wieder hin und tut so, als ob man den dunklen Mächten Brüssels hilflos ausgeliefert wäre. Hier verraten auch die Worte den Schelm. Man sagt: „Brüssel hat entschieden“ oder „Brüssel ist dagegen“ oder „Brüssel droht“. Diese Anonymisierung der Verwendung des Begriffes „Brüssel“ – anstatt zu sagen, wer in Brüssel dagegen ist, wer „Nein“ sagt oder droht – trägt wesentlich dazu bei, dass der Eindruck einer fremden, nicht fassbaren Macht entsteht. Wenn aber „Brüssel“ nicht fassbar ist, dann verstärkt sich auch der irrige Eindruck, dass dort über unsere Köpfe hinweg Entscheidungen fallen und unsere wahren Interessen zu wenig berücksichtigt werden.

In Österreich ist dieser Eindruck noch durch zwei weitere spezifische Umstände verstärkt worden. Vor dem EU-Beitritt hat man massiv mit dem Argument geworben, wir müssten in die EU hineingehen, weil wir dort mitentscheiden und mitbestimmen können. Leider ist da bei manchen der Eindruck entstanden, dass ohne uns in der EU gar nichts ginge und dass sich die EU gewissermaßen den Interessen Österreichs zu beugen hätte. Diese Übertreibung hat später teilweise in ihr Gegenteil umgeschlagen und dementsprechende Frustrationen ausgelöst. Dann sind die unseligen Sanktionen des Jahres 2000 gekommen, die den Eindruck hinterlassen haben, dass „Brüssel" bereit ist, über die Interessen eines kleinen Landes einfach drüberzufahren und die demokratischen Rechte eines Volkes zu ignorieren.

In Wirklichkeit gibt es aber wenig Grund zu behaupten, dass wir den Mächten der EU hilflos ausgeliefert sind. Daher müssen die Politiker auf allen Ebenen dazu beitragen, ein Gefühl von „Wir sind die EU!" entstehen zu lassen. Die Aufforderung: „Wir nehmen unser Schicksal selbst in die Hand" muss ein Synonym werden für: „Wir sind in Europa aktiv". Die österreichische Präsidentschaft 2006 liefert dafür noch zusätzliche Möglichkeiten und darf nicht vorbeigehen, ohne dass wir ÖsterreicherInnen wieder zumindest ein bisschen mit Europa versöhnt werden.

57 *Solange die EU sich in erster Linie um wirtschaftliche Belange gekümmert hat, war sie viel weniger umstritten, als das heute der Fall ist. Warum begnügt sie sich deshalb nicht einfach damit, einen funktionierenden Wirtschaftsraum geschaffen zu haben?*

Dieser Eindruck entsteht wohl mehr aus einer Verklärung der Vergangenheit. In Wirklichkeit hat es dieselben Fragestellungen schon immer gegeben. Erinnern wir uns: Bereits in den 50er Jahren wollte man eine Verteidigungsgemeinschaft schaffen, die aber am Einspruch des französischen Präsidenten Charles de Gaulle gescheitert ist. Jahrelang hat man von der „Eurosklerose" gesprochen und bedauert, dass in Europa nichts voranginge. Erst die Initiative des Binnenmarktes durch den Präsidenten Jacques Delors hat hier die Dinge in Bewegung gesetzt. Was hat es nicht alles an Polemik gegeben im Zusammenhang mit der Euro-Einführung!

Es ist in einem modernen Staatsgebilde überdies eine völlig überholte Betrachtungsweise zu glauben, dass zwischen Wirtschaft und Politik kein direkter und wachsender Zusammenhang besteht.

Die europäische Wirtschaft, deren Erfolg sehr wesentlich vom Export und auch von den Bedingungen, zu denen sie Rohstoffe – insbesondere das Öl – aus anderen Teilen der Welt importieren kann, abhängt, braucht immer neue Entfaltungsmöglichkeiten. Die internationalen Rahmenbedingungen für das Wirtschaften hängen aber unmittelbar auch davon ab, ob man in der Lage ist, seine politischen Interessen durchzusetzen. Gerade aus Wirtschaftskreisen wird ja immer wieder der Ruf laut, dass Europa auch politisch zusammenwachsen muss, weil es ansonsten niemals in der Lage ist, ein optimales wirtschaftliches Umfeld zu bieten. Außerdem war es noch nie so klar wie heute, dass wirtschaftliche Erfolge nur mehr möglich sind, wenn auch viele andere Rahmenbedingungen jenseits der Wirtschaftspolitik stimmen.

Die Wirtschaft muss die Rahmenbedingungen kennen, zu denen sie arbeiten kann. Sind diese nicht ausreichend gewährleistet, können enorme Wettbewerbsnachteile entstehen. Dasselbe gilt für das Sozialsystem, für das Steuersystem, für das Arbeitsrecht und vieles andere. Reduziert man daher die Europäische Union auf eine Wirtschaftsgemeinschaft, dann verlangt man ein schwaches Europa, das am Ende des Tages nicht nur politisch, sondern auch wirtschaftlich schwach sein wird. Wollen wir das?

58 *Viele Staaten entsenden noch immer eher ihre zweite Politikergarnitur in EU-Funktionen und nicht ihre besten Leute. Solange das so bleibt, wird es nicht besonders schwierig sein, Brüssel bei Bedarf zum Sündenbock zu machen, der sich noch dazu nicht besonders wehren kann?*

Wie schon an anderer Stelle verlangt: Wer in der europäischen Politik Erfolge haben will, muss auch bereit sein, seine besten Politiker dafür einzusetzen. Das gilt für die Kommission, jedoch genauso für das Parlament, für die Rekrutierung der EU-Beamten und die entsandten Diplomaten.

Die österreichischen Beamten in der Europäischen Union sind übrigens durchaus anerkannt, den österreichischen Diplomaten wird Respekt entgegengebracht, und auch die nach Europa entsandten Politiker waren bisher erfolgreich. Es hat zwar am Anfang – unmittelbar nach dem Beitritt – Anlaufschwierigkeiten gegeben, und Österreich ist etwas langsamer gestartet als Schweden und Finnland, aber in der Zwischenzeit sind die Unterschiede doch zu einem hohen Grad verschwunden.

Dazu kommt, dass Österreicher auch in europäischen politischen Vorfeldorganisationen eine bedeutende Rolle spielen. Der Präsident der Österreichischen Wirtschaftskammer, Christoph Leitl, ist gleichzeitig Präsident von EuroChamber, der Präsident des Österreichischen Gewerkschaftsbundes, Fritz Verzetnitsch, war viele Jahre Präsident des Europäischen Gewerkschaftsbundes, das österreichische Mitglied des Rechnungshofes Hubert Weber ist zurzeit Präsident des Rechnungshofes, der Abgeordnete Othmar Karas gehört dem Präsidium der EVP an, der Abgeordnete Hannes Swoboda ist der Vize-Vorsitzende des Sozialistischen Abgeordnetenclubs usw.

Die Gründe, warum Brüssel dennoch häufig als Sündenbock herhalten muss, sind daher keinesfalls in der mangelhaften Rekrutierung für hohe Funktionen in der EU zu suchen.

59 *Die EU kann keine wichtige Entscheidung treffen, ohne dass ihre Mitgliedsstaaten dem zugestimmt hätten. Warum tut sich die EU aber so erkennbar schwer, diesen einfachen Sachverhalt den EU-Bürgern zu erklären?*

Eines stimmt: Letztlich ist jede Entscheidung, die in der Europäischen Union fällt, eine Entscheidung, die nur mit und nicht gegen die Mitgliedsstaaten zustande gekommen ist. Soweit es sich um Entscheidungen des Europäischen Rates handelt oder um Außenpolitik, müssen die Entscheidungen – wie schon ausgeführt – einstimmig fallen. Daher kann sich hier kein einziger Mitgliedsstaat seiner Mitverantwortung entziehen.

Etwas anders ist die Sache in jenen Bereichen zu sehen, wo die Entscheidungen mit qualifizierter Mehrheit fallen. Hier können Entscheidungen auch gegen die Interessen eines einzelnen Mitgliedsstaates getroffen werden. Aber sogar in diesem Fall können Minister einen Einwand erheben, wenn vitale Interessen ihres Staates berührt sind. Es gibt keinen Grund, warum sich die Europäische Union schwer tun sollte, diesen einfachen Sachverhalt ihren Bürgern zu erklären.

Haken tut es viel eher daran, dass die nationale Politik häufig versucht, ihre politische Mitverantwortung zu verschleiern und sich hinter der anonymen EU zu verstecken. Oder wie es einmal ein bekannter Europäer ausgedrückt hat: „Mancher Minister vergisst bereits während des Fluges vom Rat nach Hause in seine Heimat, was er gerade in Brüssel mitbeschlossen hat. Er steigt aus dem Flugszeug und tut so, als ob er mit der getroffenen Entscheidung nichts zu tun hätte.“

60 In schweren Krisen – wie etwa rund um die Tsunami-Katastrophe 2004 – scheint die EU plötzlich abzutauchen und das Handeln vollkommen den Nationalstaaten zu überlassen, was auch nicht gerade zu ihrem Ansehen in der Bevölkerung beiträgt. Liegt das an der Langsamkeit der Bürokratie, oder entmachten die Nationalstaaten einfach die EU in solchen Fällen?

Grundsätzlich hängen die Aktionsmöglichkeiten der europäischen Institutionen natürlich sehr wesentlich mit deren Zuständigkeit zusammen. Und Katastrophenhilfe ist nun einmal in der primären Zuständigkeit der Mitgliedsstaaten und nicht der Union.

Leider muss man aber auch sagen, dass im konkreten Fall der Tsunami-Katastrophe die europäischen Institutionen auch einiges von dem, wozu sie berechtigt und verpflichtet gewesen wären, verschlafen und tatsächlich viel zu spät und auch viel zu wenig energisch gehandelt haben. Hier hat die Europäische Union eindeutig zu wenig Initiative gezeigt – und damit eine echte Chance verpasst, die Handlungsfähigkeit und -kompetenz Europas unter Beweis zu stellen.

Kapitel 7

Das einzige Reich, das vielleicht untergeht, bevor es überhaupt begründet war oder: Die Union erweitert sich so lange, bis sie bricht

Im Oktober 2005 formulierte der britische Historiker Timothy Garton Ash in der Londoner Tageszeitung „The Guardian" eine nur vordergründig gewagte Prognose. Wenige Tage, bevor sein Artikel erschienen war, hatten (in den frühen Morgenstunden des 4. Oktober) die offiziellen Verhandlungen über den Beitritt der Türkei zur EU begonnen, was Ash in seinem Artikel zur Annahme bewog, die Union habe damit „die Entscheidung getroffen, ein Europäisches Commonwealth of Nations zu werden und nicht ein europäischer Superstaat."

Die Verhandlungen mit der Türkei, so der Befund des Historikers, würden zu einer ganzen Reihe weiterer Beitrittsbegehrlichkeiten führen, vom Balkan bis an die östlichsten Grenzen des geografischen Europa. „Das Resultat wird sein, dass ... um 2015 herum die EU zwischen 32 und 37 Mitgliedsstaaten haben wird, vermutlich einschließlich der Schweiz, Norwegen und Island" und dass eine derartige Union eben deshalb zwangsläufig „ein Commonwealth sein wird, aber kein Bundesstaat."

Die sehr grundsätzliche Frage, ob die EU sich in Richtung auf einen Bundesstaat – mehr oder weniger nach dem Vorbild der USA – entwickeln oder letztlich doch nur ein besonders eng organisierter Staatenbund werden soll, ist übrigens bis heute unter den Mitgliedsstaaten heftig umstritten. Zwar ist schon in den „Römischen Verträgen" von einer „immer engeren Union" die Rede, doch legen auf der anderen Seite etwa die Briten stets großen Wert darauf, dass die Union nicht zu eng wird.

Deshalb war die Erweiterung der EU stets auch ein Kampf um

ihre zukünftige Form. Denn allen ist klar, dass die Entwicklung der EU in Richtung auf einen Bundesstaat hin umso schwieriger wird, je mehr Mitglieder sie umfasst. Nicht zuletzt aus diesem Grunde hat sich ja etwa das Vereinigte Königreich stets für eine schnelle und weitreichende Erweiterung der Union ausgesprochen.

Formal gelten für jede Erweiterung der EU die so genannten „Kopenhagen-Kriterien", beschlossen beim Gipfel in der dänischen Hauptstadt im Jahr 1993. Demnach steht der Beitritt grundsätzlich „jedem europäischen Land" offen, das

- Demokratie, Rechtsstaatlichkeit, den Schutz von Minderheiten und die Menschrechte garantiert,
- marktwirtschaftlich organisiert und dem Binnenmarkt ökonomisch gewachsen ist
- und schließlich willens bzw. imstande ist, das gesamte europäische Recht anzuwenden.

Dazu kommt als Beitrittsbedingung, dass die EU auch selbst politisch und wirtschaftlich imstande sein muss, den oder die neuen Kandidaten aufzunehmen.

Weiter kompliziert wird die Frage nach dem angemessenen Expansionstempo der EU durch den Umstand, dass ihre Entscheidungsinstrumente – also ihre innere Verfasstheit, ihre Organisationen, die Stimmverhältnisse und alle anderen Parameter der Entscheidungsfindung – im Wesentlichen für maximal 15 Mitglieder ausgelegt waren. Ihr Funktionieren bei 25 und mehr Mitgliedern hätte die europäische Verfassung und deren neue Spielregeln sicherstellen sollen. Doch deren Schicksal ist nach den negativen Referenden in Frankreich und den Niederlanden im Frühjahr 2005 außerordentlich ungewiss.

Ein historisch wohl einmaliger Fall: Die EU wächst zu einem staatsähnlichen Gebilde mit womöglich schon bald einer knappen halben Milliarde Menschen heran, ohne dass es eine klare und mehrheitsfähige Vorstellung darüber gibt, wo die Grenzen dieses staatsähnlichen Gebildes liegen sollen – und wie staatsähnlich es überhaupt werden soll.

61 Als die Europäische Union 2004 um zehn neue Mitglieder aus Osteuropa erweitert wurde, waren viele Europäer skeptisch bis ablehnend, umso mehr, als 2007 oder 2008 auch noch Rumänien und Bulgarien Mitglieder werden sollen. Das scheint auch einer der Gründe für die derzeitige Krise zu sein, in der die EU steckt. Brüssel hat immer argumentiert, dieses hohe Tempo sei notwendig, weil sich sonst möglicherweise ein ‚historisches Fenster' schließe, das die Osterweiterung der Union unmöglich mache. Warum eigentlich, es ist doch nicht anzunehmen, dass etwa Russland einen späteren und dann besser vorbereiteten Beitritt der Osteuropäer blockiert hätte?

Am 27. Juni 1989 haben der ungarische Außenminister Gyula Horn und der österreichische Außenminister Alois Mock an der burgenländisch-ungarischen Grenze symbolisch den Eisernen Vorhang durchgeschnitten. Am 1. Mai 2004, also 15 Jahre danach, sind die 10 neuen Mitgliedsstaaten der Union beigetreten. Ist das zu rasch, vor allem wenn man bedenkt, dass große politische Leader Europas diesen Staaten den Beitritt schon für einen viel, viel früheren Zeitpunkt versprochen hatten? Beispielsweise haben sowohl der deutsche Bundeskanzler Helmut Kohl als auch der französische Präsident Jacques Chirac schon im Jahr 1998 den Polen zugesagt, dass sie spätestens im Jahr 2000 Mitglied der Europäischen Union sein würden.

Natürlich kann man argumentieren, dass die Politiker hier wieder einmal zu weit gegangen sind und nicht auf die Bedenken der Bevölkerung gehört haben, nur vergisst man dabei zu erwähnen, dass dieselbe Bevölkerung über Jahrzehnte nicht einmal zu träumen gewagt hat, dass es jemals zu einem Ende des „Kalten

Krieges“, zu einem Fall der Berliner Mauer und des Eisernen Vorhangs sowie zu einer Wiedervereinigung Europas kommen könnte. Wie sehnlich haben sich die Menschen auch in Österreich – diejenigen, die im Waldviertel, Mühlviertel oder Burgenland entlang des Eisernen Vorhangs gelebt haben – gewünscht, dass die tote Grenze, wie sie genannt wurde, ein Ende nehmen sollte. Schließlich war der Eiserne Vorhang nicht nur ein Zaun für die dahinter lebenden Menschen, sondern hat auch auf der westlichen Seite einen riesigen Schaden angerichtet.

In der Zwischenzeit sind bereits wieder bald zwei Jahre vergangen seit die zehn neuen Mitgliedsstaaten Teil des gemeinsamen Europa geworden sind, und man muss sich fragen, wo ist eigentlich das große Problem? Wirtschaftlich hat sich die Erweiterung gerade für Österreich als Segen erwiesen. Alle Befürchtungen, dass insbesondere die grenznahen Gebiete mit Arbeitskräften aus diesen Staaten überschwemmt würden, sind nicht eingetreten, und politisch spielen die neuen Mitgliedsstaaten die ihnen zugedachte Rolle als Vollmitglied eigentlich sehr gut.

Den politischen Kleingeldzählern sei gesagt, dass man den Wert der Erweiterung nicht nur daran messen kann, wie viel von den österreichischen Nettobeiträgen in die neuen Mitgliedsstaaten fließt, sondern auch daran, wie viel Mehrumsätze der österreichischen Wirtschaft daraus erwachsen.

Die Erweiterungsbeschleuniger wiederum müssen einsehen, dass die Absorptionskraft der Europäischen Union – und insbesondere die Bereitschaft, mit anderen Solidarität zu üben – nunmehr ziemlich erschöpft ist.

Nun stehen Bulgarien und Rumänien als nächste vor der Tür, und leider stimmt es, dass deren Vorbereitung nicht in dem Maße vorangeht, wie das wünschenswert gewesen wäre. Vor allem fehlt es nach wie vor an einer glaubwürdigen Bekämpfung der Korruption, und auch die Kapazität der nationalen Administrationen ist noch nicht auf einem für die Durchführung von EU-Recht notwendigen Niveau angekommen. Doch die Verträge sind unterschrieben – der noch größere Schaden würde dadurch entstehen und die Europäische Union beginge einen großen Fehler, wenn sie ihrerseits diese Verträge brechen würde. Keinen Grund allerdings gibt es, nicht genau zu prüfen, den Beitrittstermin auf das Jahr 2008 zu verschieben, wenn die Vorbereitungen nicht weit genug gediehen sind.

62 Es ist zwar richtig, dass die seinerzeitige EWG der Türkei schon vor 40 Jahren zugesagt hat, dass sie Mitglied wird. Damals allerdings war die EWG eine ausschließliche Wirtschaftsgemeinschaft, von einer politischen Union war weit und breit nichts zu sehen. Nun ist die Türkei heute ja wirtschaftlich weitgehend integriert – ist damit nicht das damalige Versprechen eingelöst und eine Unionsmitgliedschaft auch aus dieser Sicht nicht mehr notwendig?
Wer betreibt diesen Beitritt eigentlich (außer den Türken selbst) und aus welchen Motiven heraus, obwohl ihn eine Mehrheit der Europäer nicht für wünschenswert hält?

Es ist zwar richtig, dass seinerzeit der Türkei formal nur versprochen wurde, dass sie Mitglied in der Europäischen Zollunion werden könne. Und es ist auch richtig, dass dieses Versprechen in der Zwischenzeit zum Großteil umgesetzt ist. Einige Wirtschaftssektoren sind aber nach wie vor von dem Abkommen ausgenommen, insbesondere die Landwirtschaft. Allerdings hat es in der Folge mehrmals Entscheidungen der europäischen Regierungschefs gegeben, in denen sie festgehalten haben, dass die Türkei dann, wenn sie die „Kopenhagen-Kriterien" erfüllt, Mitglied in der Europäischen Union werden könnte. Dieses ist teilweise auch aus dem Kalkül heraus geschehen, dass die Türkei schon beim ersten Kopenhagen-Kriterium, nämlich der politischen Reife, scheitern würde. Manche Politiker haben wohl auch darauf spekuliert, dass das noch lange Zeit so bleiben würde.

In der Zwischenzeit sind freilich unter der Regierung Erdogan drastische Reformen begonnen worden. So wurde die Todesstrafe abgeschafft, die Kurden bekamen mehr Rechte ebenso wie die christlichen Kirchen. Auch hat nicht mehr so wie in der Vergangenheit das Militär das letzte Wort. Es soll nun nach dem Wunsch vieler politischer und wirtschaftlicher Eliten, sowohl in der Europäischen Union als auch in der Türkei, das Versprechen eingelöst und über den EU-Beitritt verhandelt werden.

Deren Überlegung: Eine Mitgliedschaft der Türkei in der Europäischen Union würde riesige wirtschaftliche Impulse bedeuten, und die Industriezentren im Großraum von Istanbul, Ankara oder Izmir würden enorm profitieren. Was die türkische Landbevölkerung dagegen über eine Mitgliedschaft denkt, wird weitgehend totgeschwiegen.

Neben den wirtschaftlichen Überlegungen bestehen aber eine ganze Reihe anderer, vor allem politischer Interessen, die für eine Mitgliedschaft der Türkei in der Europäischen Union sprechen. Nach wie vor ist das Interesse der USA aufrecht, in der Türkei ungehindert Militärbasen betreiben zu können. Dieses Interesse stand auch schon von Anfang an im Mittelpunkt der türkischen EU-Ambitionen. Denn um die Türkei als NATO-Mitglied zu gewinnen, mussten die Europäer den Türken versprechen, dass es nicht nur bei der militärischen Zusammenarbeit bleiben würde.

Dazu kommt das Interesse der Gegner einer weiteren Vertiefung, die Türkei als Hebel zu benützen, um die Weiterentwicklung der Europäischen Union in Richtung einer verstärkten politischen Union zu verhindern. Weniger klar ist auf den ersten Blick, warum auch der französische Präsident Chirac die Aufnahme der Türkei unterstützt, zumal in seinem Land die Unterstützung bei der Bevölkerung am niedrigsten ist. Eine denkbare Erklärung: Auch er weiß, dass die Aufnahme der Türkei eher zu einer Rückentwicklung als zu einer Fortentwicklung der politischen Union führt, aber gleichzeitig glaubt er, dass damit der Weg für eine verstärkte Zusammenarbeit eines „Europa à la carte" frei gemacht werden würde. Das bedeutete, dass nur ausgesuchte Mitgliedsstaaten innerhalb der EU eine politische Union bilden würden. Gleichzeitig, und das scheint für die Franzosen besonders attraktiv zu sein, wären in einer solchen politischen Union das Vereinigte Königreich und einige andere Staaten, die immer wieder am Image der „Grande Nation“ kratzen, sicher nicht vertreten.

Schließlich gibt es einige Mitgliedsstaaten, die mit der Türkei deshalb solidarisch sind, weil sie aus ihrer Erfahrung heraus wissen, welche Vorteile mit der Mitgliedschaft in der Europäischen Union verbunden sind. Dazu gehören teilweise die skandinavischen Staaten und einige neue Mitgliedsstaaten. Die Bevölkerung in der EU-25 versucht man in erster Linie damit ruhig zu stellen, dass vor einer endgültigen Erweiterung und nach Abschluss der Beitrittsverhandlungen ein Referendum durchgeführt wird. So gesehen ist es nicht ausgeschlossen, dass es am Ende trotz aller Anstrengungen zu keiner Erweiterung kommt.

63 Die Türkei selbst argumentiert, dass ihr Beitritt zur EU nicht zuletzt deshalb notwendig sei, weil sonst die Gefahr bestünde, dass islamistische oder radikale nationalistische politische Gruppen in der Türkei die Oberhand gewinnen könnten. Das impliziert logischerweise, dass derartige Gruppierungen in der Türkei nach wie vor in signifikantem Ausmaß vorhanden sind. Welche Auswirkungen auf die und in der EU könnte ein politisches Erstarken derartiger Gruppen bis hin zu einer Machtübernahme in Ankara haben, wenn die Türkei erst einmal Vollmitglied der Union ist?

Sollte dieser Fall tatsächlich eintreten, dann hätte dies wohl die Anwendung des geplanten Artikels 58 im Verfassungsvertrag beziehungsweise des Artikels 7 des bestehenden Vertrags zur Folge, die im Kern dazu führen würde, dass die Rechte der Unionsmitgliedschaft ausgesetzt würden. Es liegt jedoch in der Verantwortung von beiden, der Türkei und der Europäischen Union, eine solche Entwicklung gar nicht erst zuzulassen. Es stimmt zwar, dass manche Politiker in der Türkei damit argumentieren, dass eine Abweisung der Türkei die fundamentalistischen Kräfte unterstützen würde, aber niemand will eigentlich der Türkei ein reines „Njet" entgegenschleudern. Alle vernünftigen Kräfte in der Europäischen Union sind für eine verstärkte Zusammenarbeit mit der Türkei und sind auch bereit, der Türkei einen speziellen Status zuzugestehen, der über die normale nachbarschaftliche Zusammenarbeit hinausgeht.

Die Frage ist jedoch, ob der Türkei am besten dadurch gedient ist, dass sie Vollmitglied in der Union würde. Genau dieselben Politiker argumentieren nämlich auch, dass die Türkei ihre historische Brückenfunktion, die sie über weite Strecken der Geschichte wahrgenommen hat, nämlich eine Verbindung zwischen dem Orient und dem Okzident abzugeben, weiter beibehalten sollte. Genau diese Rolle würde aber durch eine völlige Vereuropäisierung der Türkei, die ja die Voraussetzung für die Mitgliedschaft bedeutet, unterminiert werden. Eine völlig europäisierte Türkei würde im Orient künftig eher als europäisches Bollwerk gesehen und nicht mehr als die große Brücke, wie sie die Hängebrücke über den Bosporus symbolisiert. Deshalb bedeutet der nunmehr gewählte Weg, zuerst jahrelang zu verhandeln und der Türkei Reformen in Richtung Europäisierung abzuringen, um am Ende dann dennoch den Beitritt der Türkei über Referenden zu vereiteln, die wahre Gefahr. Wenn es nämlich ein Risiko in Richtung Fundamentalismus in der Türkei geben sollte, dann könnte das eher dadurch schlagend werden, dass sich am Ende des Tages alle Anstrengungen, die die Mitgliedsstaaten von Ankara verlangen, als vergeblich herausstellen. Für Extremisten aller Art wäre eine derartige Situation ein gefundenes Fressen.

64 *Die Türkei hält illegal die Hälfte Zyperns besetzt, ist laufend in kleinere militärische Auseinandersetzungen in den Kurdengebieten verstrickt und hat lange Grenzen zu den Kriegs- und Spannungsgebieten des mittleren Ostens, wie dem Irak oder Syrien. Ist dieses Faktum nicht mit einer gemeinsamen Militär- und Sicherheitspolitik, wie sie die EU anstrebt, vollkommen unvereinbar? Oder sollen im Ernst eines Tages im Zuge der militärischen Union deutsche oder österreichische Soldaten gegen aufständische Kurden kämpfen müssen?*

Keine Frage: Die Stationierung türkischer Besatzungstruppen auf Zypern steht im Widerspruch zum Völkerrecht. Genauso kann es keine Frage sein, dass das Zypern-Problem gelöst werden muss, bevor die Türkei Mitglied der Europäischen Union sein könnte. Das bedeutet nicht nur den Abzug der ausländischen Truppen, sondern auch die Rückgabe ganzer Städte im Norden und im Süden, den Abbau der so genannten „grünen Linie“ und der entlang von dieser Linie auf beiden Seiten befindlichen griechisch-zypriotischen und türkisch-zypriotischen Wachtürme. Wie lange und dornig dieser Weg ist, zeigt allein schon die Tatsache, dass heute noch jeden Tag die Wachposten auf beiden Seiten ihren Wachdienst damit beginnen, dass sie kräftig und lautstark auf den jeweiligen Gegner fluchen und ihm den Tod an den Hals wünschen.

Etwas anders ist das Problem der möglichen künftigen Außengrenze der Europäischen Union zum Irak, zum Iran, zu Georgien oder Syrien zu sehen. Denn die Türkei ist heute schon ein NATO-Partner, würde sie angegriffen, dann würden bereits jetzt die Solidaritätsverpflichtungen der NATO-Staaten schlagend werden. Allerdings steht diese Frage auch in einem engen

Zusammenhang mit der künftigen Überwachung der Außengrenze der Gemeinschaft. Es gibt ja bis heute kaum konkrete Vorstellungen, wie diese Überwachung in der Praxis vollzogen werden soll. Jedenfalls wird diese Grenze ziemlich undurchlässig sein – ein weiteres Argument, warum die Brückenfunktion der Türkei mit ihrer Mitgliedschaft in der EU nicht größer, sondern kleiner wird.

In Bezug auf die Kurden und andere Minderheiten in der Türkei schließlich gilt: Grundsätzlich muss die Türkei garantieren, dass ein ausreichender Schutz dieser Bevölkerungsgruppen gewährleistet ist, was hoffentlich auch gleichzeitig bedeutet, dass das Risiko von militärischen Auseinandersetzungen oder auch von Terroranschlägen zurückgeht. Wenn es hier trotz besserer Gesetze zu Auseinandersetzungen käme, dann wäre dies wohl in erster Linie ein Problem der türkischen Behörden selbst. Auch in Nordirland kamen keine deutschen, französischen oder spanischen Polizeikräfte zum Einsatz, wenn es dort Anschläge oder Übergriffe gegeben hat.

Ganz abgesehen von all diesen Argumenten ist jedoch zur Zeit die gegenseitige Solidaritätsverpflichtung in der Europäischen Union bei weitem noch nicht so weit gediehen, dass es hier gegen den Willen etwa Österreichs dazu kommen könnte, dass in einem türkischen Konfliktfall österreichische Soldaten zum Einsatz kämen.

65 *Als sehr problematisch wird von der europäischen Bevölkerung auch der Beitritt von Ländern wie Serbien, Albanien oder gar Bosnien-Herzegowinas empfunden, denen zumindest mittelfristig ja auch die Mitgliedschaft zugesagt worden ist. Zieht sich die EU damit nicht das erhebliche Risiko zu, irgendwann einmal wieder einen blutigen Bürgerkrieg wie damals nach dem Zerfall Jugoslawiens, diesmal aber innerhalb der Union, miterleben zu müssen?*

Es handelt sich bei diesen Ländern eindeutig um europäische Staaten, die nicht auf eine Stufe mit der Türkei gestellt werden können. Der Weg in die Europäische Union ist für diese Staaten allerdings noch ein sehr weiter, sie erfüllen noch nicht die Voraussetzungen, die auch nur die Aufnahme von Beitrittsverhandlungen erlauben würden. Wenn es einmal so weit ist, dann werden die Verhandlungen aber immer noch einige Zeit in Anspruch nehmen, und während dieser Vorbereitungszeit auf die Mitgliedschaft müssten diese Staaten dann zeigen, dass es ihnen mit einer friedlichen Zukunft und mit einem konfliktfreien Zusammenleben unter Nachbarn ernst ist.

Zurzeit geht es mehr darum, diesen Staaten eine Perspektive zu geben, die es politisch erlaubt, der Bevölkerung entsprechende Reformen abzuverlangen und eine Modernisierung des Staatswesens herbeizuführen. Genauso muss die EU aber von Anfang an völlig klar machen, dass ein Beitritt nicht in Frage kommt, solange das Risiko gewalttätiger Auseinandersetzungen oder gar kriegerischer Handlungen besteht.

Völlig anders verhält es sich mit Kroatien.

Dieses Land ist bereits heute wirtschaftlich besser entwickelt als manche Mitgliedsstaaten, hat bewiesen, dass es mit dem Tribunal in Den Haag voll zusammenarbeitet und bemüht sich bei den bereits begonnenen Beitrittsverhandlungen, rasche Fortschritte zu machen.

Es schaut beinahe so aus, als hätte man auf Kroatien vergessen.

Das darf ganz einfach nicht passieren, hier muss Österreich eine besondere Verantwortung wahrnehmen, was es auch sehr erfolgreich tut.

66 *Auch Staaten wie die Ukraine oder Weißrussland, selbst Marokko oder Israel sind an einer Unionsmitgliedschaft interessiert. Mit welchem Argument können derartigen Staaten oder vielen anderen mit ähnlichen Ambitionen rund um das Mittelmeer und im Kaukasus Verhandlungen über eine Mitgliedschaft verwehrt werden, wenn solche mit der Türkei begonnen haben? Und vor allem: Wo soll die EU jene Grenze ziehen, jenseits derer auch auf lange Sicht eine Mitgliedschaft nicht denkbar und daher auch nicht machbar ist? Wer zieht diese Grenze, nach welchen Kriterien und mit welcher Legitimation?*

Es kann kein Zweifel daran bestehen, dass die Gemeinschaft in Argumentationsschwierigkeiten gekommen ist, nachdem sie zu Verhandlungen mit der Türkei „Ja" gesagt hat und zu Verhandlungen mit anderen auf die Dauer „Nein" sagen möchte. Kurzfristig entsteht daraus kein Problem, weil diese Staaten die Voraussetzungen für die Aufnahme von Verhandlungen noch nicht erfüllen und zusätzlich mit diesen Staaten die Aufnahmekapazität der Gemeinschaft bei weitem überschritten würde.

Die Frage nach der Grenze Europas ist noch schwieriger zu beantworten. Bei einer Bischofssynode hat der polnische Kardinal Glemp einmal genau diese Frage nach den Grenzen aufgeworfen, worauf der damalige Kardinal Josef Ratzinger und heutige Papst Benedikt XVI. geantwortet hat: „Europa kann man nicht geografisch, sondern nur historisch und noch besser kulturell beschreiben."

Wir glauben ja nicht ernsthaft, dass es möglich wäre, die Europäische Union bis an den Ural auszudehnen. Das heißt: Man muss sich eindeutig dazu bekennen, dass es auf absehbare

Zeit nicht möglich sein wird, die Europäische Union auch nur bis an die geografischen Grenzen Europas auszudehnen.

Um dennoch eine gute Nachbarschaft zu pflegen und den betroffenen Staaten eine konstruktive Perspektive zu geben, hat die EU das Konzept der „Neuen Nachbarschaftspolitik“ erfunden. Dieses hat zum Ziel, den Staaten an der Grenze der Union eine besondere und über das normale Maß hinausgehende Zusammenarbeit, sowohl in der Wirtschaft als auch bei der politischen Entwicklung, anzubieten. Leider sind die allgemeinen Bestimmungen für diese Zusammenarbeit bisher sehr vage gefasst, was ihre Attraktivität im politischen Marketing mindert, andererseits aber maßgeschneiderte Konzepte für jedes einzelne Land zulässt. Es bleibt nicht zuletzt der politischen Überzeugungskraft der europäischen Institutionen überlassen, diese Staaten dazu zu bringen einzusehen, dass es für sie auf absehbare Zeit wesentlich vorteilhafter wäre, von einem solchen Konzept Gebrauch zu machen, als nur auf den möglichen Beitritt zu schielen.

67 In den letzten Jahren ist ganz generell der Eindruck entstanden, in den meisten EU-Aspirantenstaaten von der Türkei bis Moldawien sei die Perspektive auf die ferne Mitgliedschaft so etwas wie der wesentliche und vor allem auch entscheidende Faktor am Weg zu westlicher Normalität; mit dem Risiko, dass dieser Weg sofort verlassen werden würde, gäbe es die Beitritts-Perspektive nicht. Demonstrieren diese Staaten damit nicht letztlich, wie wenig sie für eine Mitgliedschaft taugen?

Ein vielleicht zu hartes Urteil. Es ist in der Politik völlig normal, dass große Ziele auch eine ausreichend große Motivation brauchen. Gleichzeitig ist die Europäische Union für diese Staaten ungeheuer attraktiv, weil evident ist, welch positive Folgen die Mitgliedschaft in dieser Union haben kann. Jeder kennt die Erfolgs-Story von Irland oder von Regionen im Süden. Blickt man in die Geschichte zurück, war es doch oft so, dass Krisen exportiert wurden und innere Schwierigkeiten in Kriege gemündet haben, um nicht eingestehen zu müssen, dass die jeweiligen Regime im Inneren versagt haben. Wenn dagegen mit der Mitgliedschaft in der Union Frieden und Prosperität von außen kommt, so wäre das – historisch betrachtet – auf jeden Fall ein riesiger Fortschritt. Und das macht ja auch das „Nein"-Sagen gegenüber Interessenten für die Mitgliedschaft so schwierig. Trotzdem: Eine überhastete Erweiterung der Union hilft weder der Union noch den Kandidaten. Eine solche Vorgangsweise kann sogar die Union zerstören und dazu führen, dass der europäische Weg von niemandem mehr als interessant und gangbar angesehen werden würde. Es wird daher in den kommenden Jahren zwar noch eine gewisse Abrundung der bestehenden Union mit einigen kleineren Ländern des Balkans möglich sein, alle anderen Ambitionen müssen jedoch auf die „Neue Nachbarschaftspolitik" verwiesen werden.

68 Derzeit ist der rechtliche Mechanismus der Erweiterung sehr uneinheitlich: In manchen Staaten wie Frankreich oder Österreich wird über den Beitritt der Türkei vom Volk abgestimmt werden, nicht jedoch über den Beitritt etwa von Kroatien oder Serbien; in anderen EU-Ländern hingegen entscheiden nur die Parlamente. Hat nicht schon das Scheitern der Verfassung gezeigt, dass diese Vorgangsweise sehr ungünstig ist und geradezu zu Willkür führt?

Die uneinheitliche Vorgangsweise im Falle von Erweiterungen, genauso wie im Falle der Einführung neuer Verträge, spiegelt einerseits den Stand der Integration und andererseits die jeweilige Verfassungslage der Mitgliedsstaaten wider. Man darf nicht vergessen, dass Erweiterungen Teil der intergouvernementalen Politik sind, also eine völkerrechtliche Vereinbarung zwischen den Staaten erfordern. Es ist auch nicht so, dass die Kommission, wie viele glauben, die Erweiterungsverhandlungen führt. Die Kommission steht zwar mit ihrem Fachwissen und mit ihrem Apparat zur Verfügung, die Verhandlungen werden aber zwischen den bestehenden Mitgliedsstaaten und den jeweiligen Kandidatenländern geführt. Am Ende einer erfolgreichen Verhandlung steht ein Beitrittsvertrag, der dann in jedem Mitgliedsstaat ratifiziert werden muss. Nachdem ein solcher Vertrag auch Auswirkungen auf die nationalen Verfassungen hat, schreiben manche Verfassungen der Mitgliedsstaaten vor, dass über einen solchen Vertrag eine Volksabstimmung durchgeführt werden muss. In anderen Staaten dagegen ist die Ratifizierung den Parlamenten überlassen.

Möchte man nun eine einheitliche Vorgangsweise erzielen, so muss man zuerst eine Vergemeinschaftlichung der Erweiterungspolitik herbeiführen. Genau dazu ist aber eine Reihe von Mitgliedsstaaten nicht bereit, und daher beginnt sich dann die Diskussion im Kreis zu drehen. Man kritisiert, dass die Vorgehensweise uneinheitlich ist, und man verhindert gleichzeitig, dass eine einheitliche Vorgangsweise zustande kommt. Dazu kann man nur resignierend feststellen: „Politik ist nicht immer logisch."

69 Wäre es sinnvoll, wenn eine auf dreißig oder mehr Mitglieder angewachsene EU mehrere unterschiedlich intensiv ausgeprägte Formen der Integration kennt? Wenn also etwa ein Kerneuropa mit echter politischer Union existiert, eine zweite Gruppe von Staaten außerhalb dieser Union, die trotzdem den Euro haben oder auch nicht, zum Schengen-Land gehören oder auch nicht, und darum herum ein Gürtel von noch loser integrierten Mitgliedern bis hin zu solchen mit einer „privilegierten Partnerschaft" zur EU?

Grundsätzlich liegen dieser Überlegung zwei unterschiedliche Konzepte zugrunde. Das eine Konzept ist bereits mit den jetzigen vertragsrechtlichen Bestimmungen realisierbar. Es baut darauf auf, dass es die Mitgliedschaft gibt, dass es aber gleichzeitig innerhalb der Union unter einzelnen Mitgliedsstaaten eine „verstärkte Zusammenarbeit" geben kann und dass eine „Nachbarschaftspolitik besonderer Art" mit den Nachbarn betrieben wird, für die eine Mitgliedschaft in absehbarer Zeit nicht in Frage kommt. Bei der verstärkten Zusammenarbeit ist allerdings zu beachten, dass diese grundsätzlich allen Mitgliedern offen stehen muss und sich für ihre Realisierung der gemeinsamen Institutionen bedient.

Das andere Konzept sieht demgegenüber vor, dass möglichst viele Staaten in eine Gemeinschaft integriert werden, dass diese Art von Gemeinschaft sich im Wesentlichen auf eine Wirtschaftsgemeinschaft beschränkt und dass es innerhalb dieser relativ losen Gemeinschaft verschiedene Formen der verstärkten Zusammenarbeit gibt. Allerdings wird man dann unter diesen verschiedenen Formen der verstärkten Zusammenarbeit in der Praxis auch solche finden, die nicht mehr allen Mitgliedsstaaten offen stehen, oder die sich auch nicht mehr der gemeinschaftlichen Institutionen zu ihrer Realisierung bedienen.

Der Hauptunterschied zwischen diesen beiden Konzepten besteht darin, dass zum einen für das in der Fragestellung aufgeworfene Konzept ganz andere Entscheidungsstrukturen benötigt werden, was einen Totalumbau der Institutionen bedeuten würde, und zum anderen, dass letztlich am Ende nicht mehr eine Europäische Union stünde, sondern innerhalb einer losen Europäischen Wirtschaftsgemeinschaft möglicherweise sogar verschiedene politische Unionen bestehen könnten. Dieser Fall würde jedoch die Aufgabe der Idee des gemeinsamen Europa bedeuten. Daher hat das derzeitige Konzept, neben der wirtschaftlichen auch eine politische Union anzustreben und nur für eine volle Integration reife Staaten aufzunehmen, seinen Sinn. Genauso macht es dann auch Sinn, die Zahl der Mitglieder auf ein vernünftiges Maß zu beschränken, weil ansonsten die Gefahr der Handlungsunfähigkeit ganz einfach zu groß würde.

70 Die Geschichte lehrt uns, dass große und mächtige Reiche sehr oft an Überdehnung ihrer Macht – „imperial overstretch" – zugrunde gegangen sind. Wie groß ist die Gefahr, dass die EU in die Geschichte als das erste Reich eingehen wird, das an dieser Überdehnung scheitert, noch bevor es wirklich zur Macht geworden ist?

Diese Gefahr der Überdehnung der EU und damit ihres Auseinanderbrechens ist dann gegeben, wenn jene Recht bekommen, die die Europäische Union ohne Rücksicht auf Verluste möglichst rasch möglichst groß machen wollen. Zurzeit ist aber die Zahl derer, die ein Interesse an einer politischen Union, an funktionierenden Entscheidungen, an ausreichender Solidarität und an Überschaubarkeit haben, immer noch größer. Daher hält sich diese Gefahr in Grenzen. Auf der Hut sein sollte man freilich trotzdem.

8. Kapitel

Das erstaunlichste Comeback seit Lazarus: Der Nationalstaat feiert seine Auferstehung. Auch das noch

Lange Zeit, bis etwa zum Ende des „Kalten Krieges“ hin, hatte es mehr oder weniger so ausgesehen, als ob der klassische Nationalstaat stark an Bedeutung einbüßen würde.

Doch merkwürdigerweise haben seit dem Untergang des Kommunismus, parallel zu wachsender Globalisierung und an Tempo gewinnender europäischer Integration, gerade auch der Nationalstaat und der Nationalismus wieder kräftige Lebenszeichen von sich gegeben. In seiner widerwärtigsten Form am Balkan, wo er in einem blutigen Krieg mit hunderttausenden Toten mündete; aber auch in zurückhaltender Form rundum in Europa.

Zum Teil ist das vor allem daran zu erkennen, dass auch gemäßigtere Politiker wieder verstärkt das nationale Interesse (oft gegenüber einem europäischen) betonen und damit bei Wahlen Erfolg haben; zum Teil kommt dieser neue Nationalismus auch im Gewand eines Regionalismus daher, wie etwa im Falle des lombardischen, baskischen oder katalanischen Nationalismus.

Entgegen einem weit verbreiteten Vorurteil ist derartiger Nationalismus nicht immer Ausfluss einer tatsächlichen oder vermuteten ökonomischen Unterlegenheit. Gerade das Beispiel der Lombardei – der reichsten Region Italiens – zeigt, dass auch ein Mangel an Solidarität (diesfalls mit dem Süden) zu nationalistischem Regionalismus führen kann.

Anders liegt der Fall in den meisten der exkommunistischen neuen Mitgliedsstaaten, in denen ebenfalls gewisse nationalistische Tendenzen feststellbar sind. Hier dürfte es sich freilich in vielen Fällen einfach um das Bedürfnis handeln, die sechs Jahrzehnte von der Sowjetunion unterdrückten nationalen Gefühle zumindest auf der Symbolebene auszuleben.

Frankreich hingegen war und ist traditionell bereit, Souveränitätsrechte des Nationalstaates an die Europäische Union abzutreten – mit dem unausgesprochenen Vorbehalt: solange Frankreich die Rolle eines Primus inter Pares in einer derartigen Union zukommt. Deshalb neigt auch Frankreich zu nationalistischen Reflexen, sobald diese Vorrangstellung nicht mehr garantiert ist.

Einen gewissen Sonderfall stellt Deutschland dar, wo jeglicher Nationalismus seit 1945 verpönt war, und das erst seit der Wiedervereinigung zu einer europäischen Normalität in diesem Zusammenhang findet. Je mehr jedoch die europäische Integration an Dynamik verliert und daraus ein Vakuum entsteht, umso mehr flackert auch in Deutschland wieder vereinzelt nationalistisches Gedankengut auf.

Nie wirklich an Attraktivität verloren hat das Konzept des souveränen Nationalstaates schließlich im Vereinten Königreich, wo die Vorstellung, in einer Europäischen Union aufzugehen, ja schon immer als „shocking" betrachtet wurde.

Daran, dass der Nationalstaat also irgendwann einmal gleichsam absterben würde, sieht es aus heutiger Sicht nicht wirklich aus. Notwendig wird aber zweifellos sein, eine stabile und effiziente Balance zwischen der Europäischen Union und ihren Mitgliedsstaaten zu finden – nicht nur in rechtlicher, sondern durchaus auch in emotionaler Hinsicht.

71 In vielen Mitgliedsstaaten der EU scheint es eine erhebliche Sehnsucht nach mehr Nationalstaat und weniger EU zu geben, etwa wenn über die Rückkehr zur italienischen Lira oder zur D-Mark spekuliert wird, oder der europäische Haftbefehl – also die Auslieferung von Inländern an EU-Ausland – heftig kritisiert wird, oder – wie in mehreren Staaten – EU-kritische Parteien Wahlen gewinnen. Spiegelt sich darin bloß ein Versagen der europäischen Institutionen oder aber eher ein Scheitern der ganzen Vorstellung von einem „Postnationalistischen Europa" (Jürgen Habermas) wider?

Zu einem gewissen Grad wohl beides. Die europäischen Institutionen versagen insofern, als es ihnen nicht gelingt, zusammen mit den Verantwortlichen der Mitgliedsstaaten eine mit der Integration einhergehende Entfremdung zu vermeiden. Die Menschen müssen zwar Abschied von nationalen Traditionen nehmen, können aber mental auf der höheren Ebene der Gemeinschaft nicht Fuß fassen; sie empfinden die EU nicht als „ihre EU". Dadurch entsteht Entfremdung. Deshalb hat etwa Jacques Delors seinerzeit gemeint, dass man Europa „eine Seele einhauchen" müsste, darum dreht sich auch die ewige Frage, wie man das „Europa der Bürger" in der Praxis realisiert.

Auf der anderen Seite haben sich die Verfechter der Vereinigten Staaten von Europa die Sache wohl etwas zu einfach und zu naiv vorgestellt. Denn der Nationalstaat ist ja nicht aus dem Nichts gewachsen und hat aus weit mehr bestanden als nur aus dem Hang zum Unilateralismus: Für die meisten ist er Heimat, Identifikationsobjekt und wichtigster Bezugsrahmen. Wem aber ist die EU schon Heimat? Letztendlich hat der gegenwärtige Präsident Tschechiens, Václav Klaus, nicht Unrecht, wenn er fragt, wo denn das europäische Volk geblieben sei. – Das muss freilich nicht zwangsläufig – wie Klaus glaubt – heißen, dass ein solches europäisches Bewusstsein und damit eine europäische Demokratie nicht machbar wären.

Ein bisschen scheint es in der EU zurzeit so zu sein wie bei einem Kletterer, der sich sehr unsicher fühlt und nicht so recht weiß wie weiter, weder wie er vor- noch wie er zurückgehen könnte. Wir müssen daher besser lernen, wie man sicher vorankommen kann. Dazu gehört am Berg, dass man einen Griff eben erst auslässt, wenn man schon einen neuen Griff sicher in der Hand hat. Wenn man aber nicht bereit ist, eine Hand oder einen Fuß nach vorne zu setzen, dann bleibt man ewig an derselben Stelle hängen. Was wir daher dringend brauchen, ist ein Zerlegen der europäischen Route in einzelne Klettergriffe. Das braucht eine genaue Routenplanung, das braucht aber auch Mut und Zuversicht und eine gewisse Selbstsicherheit. Zu behaupten, dass davon heute in Brüssel genug vorhanden ist, wäre freilich eine glatte Übertreibung.

72 *Während der Nationalismus in Westeuropa zu Beginn des 20. Jahrhunderts eher ein wenig ermüdet schien, lebt er in Polen, im Baltikum, aber auch in Ungarn oder der Slowakei, wo er jahrzehntelang unterdrückt gewesen ist, wieder kräftig auf. Nationalistisch orientierte Politiker feiern dort Erfolge. Ist diese Renaissance des Nationalismus auch als Preis der Osterweiterung zu verstehen, der kaum zu vermeiden gewesen wäre?*

Das dürfte nicht so sehr der Preis für die Osterweiterung sein als vielmehr die verständliche Freude darüber, wieder Herr im eigenen Hause zu sein. Natürlich treibt diese Freude auch manche Sumpfblüte. Das parteipolitische Spektrum ist in diesen jungen Demokratien von vornherein breiter, weil es sich erst langsam der Normalität alter Demokratien annähert.

Worauf es aus europäischer Sicht ankommt, ist die politische Mitte zu stärken und auch klar zu machen, welche politischen Ansichten sich eindeutig außerhalb eines tolerablen europäischen Werterahmens befinden. Demokratie lebt bekanntlich auch von Vorbildern und noch viel mehr vom Dialog. Deshalb ist auch ein verantwortungsvoller Umgang mit politischen Randerscheinungen so wichtig, und deshalb gilt es auch, immer wieder klar zu machen, dass ein Weg zurück ins 19. oder in das 20. Jahrhundert auch ein Zurück zu den Zuständen dieser beiden Jahrhunderte bedeuten würde.

73 Die EU wird von vielen Menschen eher als Agent der Globalisierung und der Liberalisierung empfunden und nicht als Schutz vor diesen Entwicklungen. Den suchen sie daher zunehmend im Nationalstaat und in der Abgrenzung. Ist damit die Schwächung der Union als Folge des Erstarkens nationalistischer Strömungen Folge einer ebenso notwendigen wie unpopulären wirtschaftlichen Liberalisierung der EU?

Ein solches Risiko besteht tatsächlich. Immer noch haben die Menschen die Tendenz, in Zeiten, in denen es schwieriger wird, zu glauben, dass Abschotten der beste Ausweg wäre. Wir müssen uns entscheiden: Entweder wir glauben daran, dass wir als Europäische Union eine wichtige Rolle in der Welt spielen können und dass wir vor allem ökonomisch mit der Spitze mithalten können – dann müssen wir uns aber auch dem Wettbewerb stellen. Denn es wird nicht möglich sein, in großem Rahmen exportieren zu wollen und gleichzeitig die Grenzen zu schließen.

Oder aber wir lassen unsere Ambitionen sein und hoffen darauf, dass die Chinesen bald an Dynamik verlieren und setzen auf „slow is beautiful". Es grenzt ja geradezu an Schizophrenie, wenn Europa zugleich betont, die größte Ökonomie der Welt zu sein und binnen kurzer Zeit die wettbewerbsfähigste Ökonomie der Welt werden zu wollen – und dann dazu übergeht, sich ins nationale Hinterstübchen zurückzuziehen, weil draußen in der bösen Welt ein zu kalter Wettbewerbswind weht. So kann es ja wohl nicht gehen.

Und noch eines muss man den Bürgern Europas deutlich sagen, auch wenn sie es manchmal nicht hören wollen: Nur dann, wenn wir uns erfolgreich dem internationalen Wettbewerb stellen, können wir auch das Niveau unseres Wohlstandes halten – alles andere ist illusionär. Wer glaubt, dass wir den Kopf in den

Sand stecken und die Globalisierung an uns wie eine Karawane vorbeiziehen lassen können, der täuscht sich. Was wir wirklich brauchen, ist wieder mehr Selbstvertrauen in unsere eigenen Stärken und in unsere eigenen Qualitäten.

74 Nationalismus war besonders in Deutschland und Österreich nach dem Zweiten Weltkrieg stark stigmatisiert, die europäische Einigung diente vor allem in Deutschland als eine Art Nationalismus-Surrogat. Inwieweit hat die sukzessive Rückkehr Deutschlands in die staatliche Normalität nach dem endgültigen Ausgleich mit Frankreich die Renaissance des Nationalstaates in der EU insgesamt gefördert?

Die Rückkehr Deutschlands in die Normalität bedeutet keinerlei Förderung des Nationalstaates und schon gar nicht das Wiederaufleben von nationalistischen Bewegungen. Man muss sich auch von der Idee verabschieden, dass der Nationalstaat per se etwas Abschreckendes und Gefährliches sein muss, und es ist auch eine Illusion zu glauben, dass man den Nationalstaat einfach abschaffen kann. Die europäische Konzeption geht ja in jeder Variante vom Weiterbestehen der Nationalstaaten aus. Diese müssen durch ihre Zustimmung entweder im Parlament oder durch Volksentscheid festlegen, welche Teile ihrer Souveränität sie an die Europäische Union abtreten wollen und welche nicht. Es ist aber nie daran gedacht gewesen, dass alles an die Europäische Union abgetreten werden und ein europäischer Superstaat entstehen soll.

Es wird auch in Zukunft eine ganze Reihe von Politikfeldern geben, die auf der nationalen Ebene viel besser aufgehoben sind als auf der europäischen. Das beste Beispiel dafür ist die Kulturpolitik. Eine vergemeinschaftlichte Kulturpolitik wäre nahezu grauenvoll, und alle Kulturinteressierten müssten dagegen auftreten und sie verhindern.

Abgesehen davon muss auch noch einmal in Erinnerung gerufen werden, dass im Prinzip Subsidiarität ein Prozess von unten nach oben ist. Das bedeutet, dass nicht eine europäische

Macht den Nationalstaaten etwas wegnehmen und Macht an sich ziehen kann, sondern immer nur, dass die Nationalstaaten an die EU Macht abtreten, wo sie das für sinnvoll halten. Im Übrigen gilt etwas ganz Ähnliches auch für das Zustandekommen Österreichs. Viele haben längst vergessen, dass Österreich nicht von oben, sondern von den Bundesländern gegründet wurde, und dass die Bundesländer Kompetenzen an den Bund übertragen haben.

Der Nationalismus wird nur dann zum Problem, wenn er den alleinigen Machtanspruch für ein Volk stellt und dem Irrglauben erliegt, dass alle Aufgaben auf der nationalen Ebene wahrgenommen werden müssen und darüber hinaus eine Wirtschaftspolitik anstrebt, die nach der Parole handelt: „Die Fahne hoch, die Reihen dicht geschlossen". Isolationistische Politik hat sehr viel mit Nationalismus zu tun und übersieht dabei, dass mit dieser Art von Politik zumindest langfristig keine Wohlstandszuwächse mehr möglich sind.

75 Die öffentliche Stimmung in vielen EU-Staaten neigt derzeit eher einem Konzept des „Europa der Vaterländer“ (Charles de Gaulle) zu, also einem Staatenbund anstelle des europäischen Bundesstaates. Was spricht eigentlich gegen eine derart verfasste EU, warum muss sie sich zu einer „immer engeren Union“ (so der Wortlaut der „Römischen Verträge“) entwickeln?

Der wesentliche Unterschied zwischen beiden Konzepten ist, dass im einen Fall Staaten miteinander zusammenarbeiten und jedes Mal vereinbaren, was die gemeinsame Vorgangsweise sein soll, also genau das, was derzeit zum Beispiel im Bereich der Außenpolitik passiert. Im anderen Fall werden Kompetenzen an gemeinschaftlich eingerichtete Institutionen übertragen und von diesen dann selbstständig wahrgenommen – genau das, was im Bereich der Wirtschaftspolitik der Europäischen Union passiert.

Warum macht es aber dann Sinn, eine immer engere Union anzustreben? Zunächst erleichtert natürlich eine gemeinsame Vorgangsweise mit gemeinschaftlichen Institutionen das politische Handeln. Weiters wird auf diese Weise die Geschwindigkeit des Handels gesteigert, und schließlich besteht immer das Risiko, dass eine bloß auf Wirtschaft ausgerichtete Union, der der politische Arm fehlt, früher oder später zu wenig Durchsetzungskraft hat und deshalb anderen Organisationen, wo es eine Einheit zwischen Politik und Wirtschaft gibt, unterliegt.

Die Frage ist daher, was man will. Wenn die europäischen Staaten eine Weltmacht sein wollen, dann kommen sie um eine Weiterentwicklung in Richtung politische Union nicht herum. Wenn es im Wesentlichen nur darum gehen soll, die Vorteile eines gemeinsamen Marktes zu nützen, dann sieht die Sache anders aus. Gerade angesichts der Schwierigkeiten in Zusammenhang mit der Ratifikation des Verfassungsvertrages wird die Entscheidung über die so genannte „finalité d'Europe" noch länger offen bleiben.

Deshalb wäre es nahe liegend, EU-Projekte zu überlegen, mit denen auf jeden Fall Fortschritte erzielt werden können. Das können Projekte sein, mit denen Innovation, Forschung, Entwicklung und Wirtschaft besser miteinander verbunden werden. Das kann genauso die schon diskutierte gemeinsame Sicherheitspolitik sein. Das können Projekte sein, die die innere Sicherheit durch eine gemeinsame Verbrechensbekämpfung vergrößern, aber auch Projekte, wie man zum Beispiel europaweit mit Immigranten umgehen sollte und welche Maßnahmen gegen die Überalterung der europäischen Gesellschaft ergriffen werden sollen.

76 Vor allem für die ältere Generation war die Europäische Union immer auch in erster Linie ein „Friedensprojekt“ (Helmut Kohl), das Krieg in Europa auf alle Zeiten unmöglich machen sollte. Jüngeren Menschen hingegen ist dieses Argument kaum noch zu vermitteln, weil sie mit Recht meinen, dass etwa Frankreich und Deutschland heute auch dann keinen Krieg mehr miteinander führen würden, wenn die EU morgen verschwände. Hingegen haben sie beobachten müssen, dass es auch innerhalb von Staatenbünden zu kriegsähnlichen Konflikten, ja selbst brutalen Kriegen kommen kann (Sowjetunion, Jugoslawien). Warum bedient sich die EU – vor allem wenn sie hart in der Kritik steht – trotzdem noch immer des keulenartigen Arguments vom „Friedensprojekt“, das sozusagen den Nationalstaat vor sich selbst schützen muss?

Gegenfrage: Ist es nicht etwas eigenartig, dass von manchen heutzutage eine Initiative zum dauerhaften Frieden in Europa als „Keule“ begriffen wird? Werden hier nicht Tatsachen auf den Kopf gestellt? Niemand sollte glauben, weil wir jetzt Gott sei Dank eine Periode von 60 Jahren hinter uns haben, in der auf dem Gebiet der Europäischen Union kein Krieg stattgefunden hat, dass das schon eine Garantie für Frieden auf ewig bedeutet.

Abgesehen davon ist es in diesem Zeitraum leider nicht gelungen, in ganz Europa für friedliche Zustände zu sorgen. Es wäre daher wichtig, gerade der jungen Generation die Fragilität, die Brüchigkeit des Friedens nahe zu bringen und die Notwendigkeit zu vermitteln, dass man sich permanent für den Frieden stark machen muss, wenn man ihn behalten will.

Allerdings stimmt es auch, dass das Argument des Friedens für die Weiterentwicklung der Europäischen Union kein ausreichendes Argument darstellt. Hier muss die ältere Generation akzeptieren, dass mit dem Abstand zum letzten Krieg das Friedensargument blasser wird, und dass der Jugend jene Probleme, die sie unmittelbar zu spüren bekommt, ein größeres Anliegen sind. Zu diesen Problemen gehört nun einmal die bange Frage nach der Sicherheit der Arbeitsplätze, die wachsende Jugendarbeitslosigkeit, die Schwierigkeiten beim Zugang zu den Hochschulen, die wachsende Unsicherheit, ob es auch in Zukunft ein ausreichendes soziales Netz geben wird und vieles andere mehr. Aus der Geschichte wissen wir nur zu gut, dass auch soziale Konflikte sich zu Bürgerkriegen auswachsen können, und daher liegt die Jugend völlig richtig, wenn sie fordert, dass die sozialen Probleme in Europa nicht zu groß werden dürfen.

77 Würde die EU ein Bundesstaat nach amerikanischem Muster werden, würde wohl eine Art „Euronationalismus" entstehen müssen, der den heutigen deutschen, französischen oder polnischen Nationalismus, den die EU ja beseitigen will, ersetzt. Was aber wäre damit gewonnen, wenn ein Nationalismus durch einen anderen ersetzt würde?

Man muss sich ja nicht in allem und jedem die USA zum Vorbild nehmen. Wesentlich besser als Vergleich eignet sich in diesem Zusammenhang der föderalistische Aufbau mancher europäischer Staaten. Es geht um nichts anderes, als dass sich in Zukunft die Franzosen, Italiener, Deutschen, Briten und Österreicher weiter als solche fühlen, aber gleichzeitig eben auch ein europäisches Bewusstsein haben. Das, was auf nationaler Ebene überhaupt kein Problem darstellt, muss nicht automatisch auf europäischer Ebene ein Problem sein.

Warum sollte es nicht möglich sein, dass genauso, wie sich jemand als Tiroler, Wiener, Kärntner oder Steirer fühlt und sich gleichzeitig zu Österreich bekennt, er sich als Österreicher, Ungar oder Franzose fühlt und sich gleichzeitig zu Europa bekennt? Es scheint, dass hier manchmal eine Verwechslung zwischen Nationalismus und Patriotismus vorliegt.

Ist aber dann Patriot zu sein etwas Verwerfliches? Sich zu einem Staat zu bekennen, sich zu seiner Heimat zu bekennen, das ist Patriotismus. Nationalismus hingegen hat vielmehr damit zu tun, dass man die eigene Nation als das allein selig machende Konzept ansieht und glaubt, dass man allen anderen überlegen sei.

78 *Man kann die EU durchaus auch als Gesellschaftsvertrag zwischen Staaten verstehen, die bestimmte Befugnisse abgeben, aber selbst durchaus Herren des Verfahrens bleiben und diese Befugnisse auch jederzeit wieder zurücknehmen können. Wird dieser Zusammenhang im Zuge einer Renaissance des Nationalstaates nicht einfach sichtbarer und die ganze Sache damit ehrlicher und nachvollziehbarer?*

Es wäre nur zu wünschen, wenn jedermann klar würde, dass die EU ein Gesellschaftsvertrag ist, durch den bestimmte Befugnisse an die europäischen Institutionen abgetreten werden. Allerdings muss man auch ehrlich sein in Bezug auf die jederzeitige Rücknahme dieser Befugnisse. Sicher kann man im Extremfall sogar wieder aus der Europäischen Union austreten, es gibt einen eigenen Verfassungsartikel dafür. Aber in der Praxis ist das wohl nicht sehr realistisch. Man darf ja nicht vergessen, wie sehr durch die Mitgliedschaft ganz neue übernationale Netzwerke (etwa von Unternehmen) entstehen, wie sich neue Absatzmärkte bilden, europäische Formen der Kooperation entwickeln und vieles andere mehr. Von allen diesen Dingen wäre man praktisch über Nacht abgeschnitten, wenn man austritt.

Allerdings ist es sehr wohl möglich, dass Gemeinschaftskompetenzen wieder an die Mitgliedsstaaten rückübertragen werden. Ein solcher Prozess ist ja gerade im Laufen. Der Vizepräsident Günter Verheugen hat eine ganze Liste von Vorschriften vorgelegt, von denen er der Meinung ist, dass sie eigentlich nicht auf der europäischen Ebene wahrgenommen werden sollten. Nur braucht eine solche Rückübertragung genauso wie die Übertragung von Kompetenzen auf die Gemeinschaft eine gemeinschaftliche Entscheidung. Daran muss man selbstverständlich auch in Zukunft festhalten, weil ansonsten mehr und mehr eine

Art „Rosinenpickerei“ entstünde. Auf diese Weise würden die Gemeinschaftsregeln völlig unterminiert und der Gemeinschaftsgedanke kaputt gemacht.

Das ändert aber nichts an der Richtigkeit der Feststellung, dass grundsätzlich immer die Mitgliedsstaaten die Herren des Verfahrens sind, weil ohne die Entscheidung der Mitgliedsstaaten in der Europäischen Union kein Gesetz entstehen und schon gar nicht eine Gemeinschaftsaufgabe von der nationalen Ebene auf die europäische Ebene übertragen werden kann.

79 Der Zerfall Jugoslawiens in den 90er Jahren des vergangenen Jahrhunderts hat gezeigt, wie tief nationale Gefühle in den Menschen sitzen, selbst wenn sie viele Jahrzehnte unterdrückt worden sind. Belegt das nicht, wie illusorisch die von der EU zumindest implizit betriebene Vorstellung ist, eines Tages könne so etwas wie ein europäisches Nationalgefühl entstehen, das jenes der Unionsstaaten ablöst und zu einer Art regionalem Patriotismus werden lässt?

Genauso wenig wie es eine Garantie für den ewigen Frieden gibt, genauso wenig gibt es eine Garantie, dass nicht wieder Emotionen aufleben, die in der Vergangenheit immer wieder zu Kriegen geführt haben. Derartige Gefühle und Einstellungen wird man nie ganz ausrotten können. Man kann diese Gefühle entweder unterdrücken, was weniger empfehlenswert ist, weil sie dann früher oder später wieder hochkommen und möglicherweise sich sogar verstärken, oder aber man muss lernen, mit diesen Gefühlen umzugehen. Und das ist eine Aufgabe, die jede Generation wieder aufs Neue angehen muss.

In diesem Zusammenhang denkt übrigens die heutige Jugend viel umkomplizierter, sie ist auch viel weltoffener, und es spielen nationale Gefühle nur mehr eine patriotische und nur selten eine nationalistische Rolle. Das schließt aber nicht aus, dass auch in Zukunft von Fall zu Fall wieder falsche Propheten auftauchen, die versuchen, das Volk zu übertölpeln und sich selber zu Nationalhelden zu machen.

„Wehret den Anfängen." Zu diesen Anfängen gehört es, wenn die Toleranz in der Gesellschaft zu sinken beginnt, wenn verbale Aufrüstungen stattfinden, wenn Personenkult betrieben oder Massenhysterie geschürt wird.

80 Die Geschichte lehrt uns, dass die Rücknahme zu weit gegangener politischer Integration zwischen Staaten sehr selten ohne Gewalt zu bewerkstelligen ist. Bedeutet da eine Verlangsamung des Integrationstempos, wie wir es gerade erleben, nicht letztlich ein Mehr an Sicherheit und Stabilität?

Die Geschichte lehrt uns aber auch, dass eine gewaltsame Rückführung von zu weit gegangener politischer Integration dort stattfindet, wo schon die Integration mit Zwang und Gewalt zustande gekommen ist. Dort, wo Integration friedlich und freiwillig zustande gekommen ist, hat sie auch eine wesentlich größere Stabilität, siehe die Vereinigten Staaten, und selbst der Zerfall des Sowjetreiches ist eigentlich mit sehr wenig Gewalt abgelaufen.

Von einer zu weit gegangenen politischen Integration, die zu einer gewaltsamen Rückführung führen könnte, sind wir ganze Galaxien entfernt. Zwar stimmt es, dass das Integrationstempo so gewählt werden muss, dass die Bevölkerung in der Lage ist, dieses Tempo auch zu verkraften und emotional mitzutragen. Dass dieses Tempo aber bisher viel zu groß gewesen wäre, ist wohl mehr die Auffassung von Populisten.

9. Kapitel

Eine europäische Demokratie ohne europäische Parteien oder: Wie man sich ein Parlament hält, ohne sich deswegen gleich Parlamentarismus zuzuziehen

Der Vorwurf, die Europäische Union sei nicht oder jedenfalls nicht ausreichend legitimiert, ist vermutlich so alt wie die Union selbst und gehört sozusagen zum Standardrepertoire („von niemandem gewählte Brüsseler Bürokratie" und so) der Europa-Kritiker.

Zutreffend ist, dass die Demokratie innerhalb der EU weitgehend anders funktioniert als in ihren Mitgliedsstaaten; zutreffend ist auch, dass die demokratische Legitimation der meisten EU-Gremien eine indirektere ist als jene in den Nationalstaaten; zutreffend ist aber auch, dass dies von den Mitgliedsstaaten so beschlossen und gewollt ist.

Im Wesentlichen gestalten drei Institutionen in einem engen Wechselspiel untereinander die europäische Politik:

1.) Die Kommission – ihre wichtigste Aufgabe ist es, europäische Gesetzesinitiativen zu entwickeln und vorzulegen, wozu alleine sie befugt ist (und nicht etwa, wie sonst in einer Demokratie üblich, auch das Parlament). Darüber hinaus überwacht sie die Einhaltung der EU-Verträge, verwaltet den Haushalt der EU und formuliert die zur Umsetzung des Gemeinschaftsrechtes notwendigen Beschlüsse.

Der Präsident und die Mitglieder der Kommission werden in einem ziemlich komplizierten und für viele EU-Bürger schwer durchschaubaren Prozess von den Staatschefs der Mitgliedsländer bestellt, die Kommission bedarf darüber hinaus der Zustimmung des Europäischen Parlamentes.

Salopp gesagt kann man sie als eine Art Vorstufe zu einer europäischen Regierung verstehen.

2.) Das Europäische Parlament (EP) – wird alle fünf Jahre von allen EU-Bürgern gewählt, freilich nicht mit europäischen Wahllisten, sondern mit nationalen Listen, genauso wie bei den jeweiligen nationalen Parlamentswahlen. Dadurch bestimmen meist auch nationale und nicht europäische Themen den Wahlkampf.

Anders als nationale Parlamente verfügt das EP über keinerlei Recht, Gesetzesvorschläge einzubringen, das obliegt ausschließlich der Kommission.

Das EP hat sich im Laufe der Zeit von einer rein beratend-dekorativen Institution immer mehr hin zu einem richtigen Parlament entwickelt. In den meisten Bereichen der europäischen Gesetzgebung hat es heute ein Mitentscheidungsrecht, nicht jedoch in jenen Politikfeldern, die nach wie vor nationalstaatlich dominiert sind wie etwa die Außenpolitik.

3.) Der Rat der Europäischen Union – besteht aus je einem Minister pro Mitgliedsland und tritt, nach Sachgebieten geordnet, in 9 verschiedenen Gestalten auf (also Rat der Justizminister, der Finanzminister, der Verkehrsminister und so fort). Die meisten Beschlüsse fallen nach dem qualifizierten Mehrheitsprinzip, allerdings mit einigen wichtigen Ausnahmen wie etwa der Außen- und Sicherheitspolitik oder dem Steuerwesen, wo Einstimmigkeit erforderlich ist und damit jedes Mitgliedsland ein „Vetorecht" hat.

Im Wesentlichen befindet der Rat – zusammen mit dem Europäischen Parlament – über die von der Kommission vorgelegten Gesetzesinitiativen und setzt sie in gültiges Europäisches Recht um (oder eben nicht).

Der Rat der EU verfügt über ein hohes Maß an demokratischer Legitimation, da seine Mitglieder direkt den Parlamenten der Mitgliedsländer verantwortlich sind.

Aus diesem Gesetzgebungsprozess leitet sich sozusagen ein „Trilemma" der europäischen Demokratie ab: nämlich zwischen den Werten Effizienz, demokratischer Legitimität und dem nationalen Interesse der Mitgliedsstaaten.

Natürlich könnte man argumentieren, dass etwa ausschließlich demokratische Mehrheiten im Rat oder im Parlament entscheidend sein sollten. Das wäre zwar demokratischer als der derzeitige Zustand, würde jedoch dazu führen, dass die Interessen kleinerer Länder kaum ausreichend berücksichtigt würden.

Auf der anderen Seite behindert natürlich jede Vetomöglichkeit der Mitgliedsstaaten die Effizienz des Gesetzgebungsprozesses.

Die häufig gestellte Forderung, die EU möge demokratischer und effizienter sein, aber trotzdem soll jeder Mitgliedsstaat das Recht behalten, gegen seine Interessen gerichtete Forderungen blockieren zu können, ist daher einigermaßen weltfremd.

81 Dem Europäischen Parlament (EP) fehlt das wichtigste Recht eines Parlamentes, nämlich jenes, selbst Gesetze vorzuschlagen und sie zu beschließen. Wie sollen die Europäer das EP auch nur einigermaßen ernst nehmen, solange es dieses Recht nicht hat – und im Übrigen nicht einmal selbst darüber bestimmen darf, ob es nur in Brüssel oder auch in Straßburg Sitzungen abhält?

Während in allen Mitgliedsstaaten sowohl die Regierungen als auch das Parlament Gesetzesvorschläge machen können, hat auf der europäischen Ebene das Initiativrecht ausschließlich die Kommission, und für das Zustandekommen eines Gesetzes ist sowohl die Zustimmung des Parlaments als auch die des Rates notwendig. In einigen Bereichen – insbesondere im Bereich der Landwirtschaft und Fischerei – hat das Parlament nicht einmal die Möglichkeit, ein Gesetz mitzubeschließen. Es ist bis jetzt auf die Abgabe einer Stellungnahme beschränkt, und die gemeinsame Außenpolitik spielt sich überhaupt zum allergrößten Teil außerhalb des Parlaments ab.

Gott sei Dank ist es aber den Vertretern des Parlaments im Laufe der Zeit gelungen, bei jeder Änderung der Europäischen Verträge einen Machtzuwachs herauszuverhandeln, sodass in der Zwischenzeit die Macht des Parlaments nicht mehr unterschätzt werden darf. Aber nicht nur ein Zuwachs an formaler Macht ist zu verzeichnen, sondern auch zunehmend mehr Bereitschaft, diese Macht einzusetzen. Das jüngste Beispiel dafür war das Zustandekommen der letzten Europäischen Kommission, als das Parlament den ersten Vorschlag der Regierungschefs zurückgewiesen und erst dann positiv entschieden hat, nachdem personelle Änderungen vorgenommen worden waren.

Darüber hinaus ist es sehr fraglich, ob die Bevölkerung es tatsächlich als so großen Mangel empfindet, dass das Europäische Parlament über kein Initiativrecht verfügt; denn die Parlamentarier haben viele Möglichkeiten, die Gesetzestexte abzuändern und den endgültigen Ausgang eines Gesetzgebungsprozesses zu beeinflussen. Das Parlament kann die Kommission jederzeit auffordern, in einer bestimmten Angelegenheit initiativ zu werden; und immer häufiger kommt es vor, dass das Parlament zusammen mit der Kommission Positionen gegen die nationalen Interessen der Mitgliedsstaaten vertritt.

Die Tatsache, dass aufgrund der EWG-Verträge das Parlament sowohl in Brüssel als auch in Straßburg tagt, wird wohl eher mehr von den Parlamentariern als lästig empfunden und nicht so sehr von den Bürgern, denen das ziemlich gleichgültig ist. Das Einzige, was sich die Bürger in diesem Zusammenhang zu Recht fragen, ist, wie sie dazu kommen, den Wanderzirkus zwischen Brüssel und Straßburg mit ihren Steuermitteln zu finanzieren. Es gibt auch keinen vernünftigen Grund, warum dieses System beibehalten wird – mit Ausnahme historischer Argumente, die jedoch mit zunehmender Größe der Union immer weniger nachvollziehbar sind. Vorläufig scheitert jedoch jeder Versuch, sich auf Brüssel als einzigen Parlamentsstandort festzulegen, am Einspruch Frankreichs.

82 Wenn heute in der EU über europäische Themen abgestimmt wird – sei es bei den Wahlen zum EP, sei es bei den Verfassungsreferenden –, treten nicht europäische Parteien an, sondern die jeweiligen nationalen Parteien mit ihrer jeweiligen nationalen Agenda. Wie soll es je eine europäische Demokratie ohne europäische Parteien geben?

Die Frage ist leider mehr als berechtigt, denn der derzeitige Zustand wird auf Dauer der europäischen Sache sehr schaden.

Wir erleben es jedes Mal, wenn neue Europäische Parlamentswahlen vor der Tür stehen. Die Oppositionsparteien versuchen, sich mit Regierungskritik zu profilieren, und die Regierungsparteien stellen Programme vor, in denen sie beschreiben, welche nationalen Anliegen sie in der nächsten Legislaturperiode in der EU durchsetzen wollen. Wen wundert es dann, dass sich bei Meinungsumfragen immer wieder herausstellt, dass ein wesentlicher Teil der Wählerinnen und Wähler die Wahl nicht dazu benützt, um jenem europäischen Programm, das ihnen am meisten zusagt, zum Durchbruch zu verhelfen, sondern um über nationale Anliegen abzustimmen oder den Protest über die eigene Regierung zum Ausdruck zu bringen?

In den Untersuchungen der vergangenen Wahlen und Referenden hat sich herausgestellt, dass ein großer Teil der Wähler den Parolen der nationalen Parteien gefolgt ist und den Stimmzettel als Denkzettel für die Regierung benutzt hat oder überhaupt nur den Frust über die derzeitigen politischen Zustände zum Ausdruck gebracht hat. Es besteht ein dringender Bedarf, eine entsprechende Plattform für die europäische Politik zu etablieren und einen politischen Wettbewerb um die besten Ideen für Europa zu organisieren.

Wir können, soll die EU künftig besser funktionieren, nicht mehr länger auf Basis von verschiedenen nationalen europapolitischen Positionen den europäischen politischen Diskurs pflegen. Denn was nützt es, wenn wir eine französische, eine österreichische, eine britische, eine italienische, eine spanische oder eine finnische Europa-Politik haben, aber wenn nirgendwo eine europäische Europa-Politik festgemacht werden kann? Was bleibt dem armen Wähler oder der armen Wählerin dann anderes übrig, als darüber abzustimmen, was ihm oder ihr auf der jeweiligen nationalen Ebene an Parolen oder Programmen geboten wird? Dieses Modell ist demokratiepolitisch schlicht nicht zukunftsfähig.

83 Eine funktionierende Demokratie auf europäischer Ebene brauchte einen funktionierenden Diskurs auf europäischer Ebene, also zum Beispiel auch europaweit erscheinende und verbreitete Medien. Doch die scheitern und werden auch auf absehbare Zeit weiter an der Tatsache scheitern, dass in der Union über zwanzig Sprachen gesprochen werden und die wenigen tatsächlich europaweit erscheinenden Medien – wie der „Economist" oder die „FT" – ausschließlich die Eliten ansprechen. Muss die politische Union deshalb nicht schon an der Vielsprachigkeit Europas zerschellen?

Die Vielsprachigkeit macht die Sache zwar zugegebenermaßen schwieriger, aber nicht unmöglich. Das beweist schon allein die Tatsache, dass es eine ganze Reihe von Staaten gibt – wie etwa die Schweiz oder Luxemburg –, in denen innerhalb eines Staates verschiedene Sprachen gesprochen werden, ohne dass darunter die Demokratie leiden würde. Die Hauptgründe für das offenkundig vorhandene Kommunikationsproblem sind daher wohl andere.

Warum klagen Fernsehleute darüber, dass das Thema Europa ein Quotenkiller sei und sehen die Printmedien in der EU-Berichterstattung keine Auflagensteigerer? Der Hauptgrund für die wahrgenommene Langeweile ist wahrscheinlich der Mangel an EU-weiter politischer Auseinandersetzung. Wenn es eine europaweite, politische Auseinandersetzung gäbe – etwa über die Zukunft des europäischen Sozialstaates – und diese von europäischen Parteien organisiert würde, dann gäbe es darüber auch eine europaweite Kommunikation. Gerade für Medien ist ja nichts spannender als Auseinandersetzungen. Solange aber die Europa-Politik entweder ein innenpolitisches Anhängsel oder

Teil der Außenpolitik bleibt, kann die Europa-Politik keinen höheren Stellenwert im öffentlichen Diskurs bekommen.

Ein zweites Problem: Politik und das Interesse, diese zu kommunizieren, hat sehr viel mit Emotionen zu tun. Europa ist daher nur dann interessant, wenn es auch aufregend ist, und aufregend wird es nur, wenn es um Dinge geht, die das Leben des einzelnen Bürgers beeinflussen. Nun ist, was „in Brüssel" beschlossen wird, zwar für den Bürger häufig äußerst relevant, er kann aber wegen der abstrakten Präsentation seine persönliche Betroffenheit nicht erkennen. Dieses Übersetzen von EU-Politik ins praktische Leben des einzelnen Unionsbürgers muss besser organisiert werden. Hier fehlt bis jetzt ein ausreichendes gegenseitiges Verständnis zwischen den Brüsseler Institutionen einerseits und den nationalen Medien andererseits.

84 *Sir Ralf Dahrendorf behauptet kurz und knapp: „Je mehr EU, desto weniger Demokratie." Tatsächlich ist etwa die Kommission nur indirekt demokratisch legitimiert, indem sie von demokratisch gewählten Regierungschefs bestellt wird und vom Europäischen Parlament nur in ihrer Gesamtheit abgewählt werden kann. Wie sollte daraus ein Zustand werden, der lautet: „Je mehr EU, desto mehr Demokratie"?*

Wahr ist, dass die Europäische Kommission nur indirekt legitimiert ist – sie wird als Ganzes auf Vorschlag des Rates vom Europäischen Parlament genehmigt. Warum ist das aber in der EU ein demokratiepolitisches Problem und auf der nationalen Ebene offenkundig keines? Auch auf der nationalen Ebene wird im Parlament über den Ministerrat als Ganzes entschieden, und auch da ist es nicht erforderlich, dass die Mitglieder einer Bundesregierung ausschließlich aus dem Kreis der Abgeordneten rekrutiert werden.

Viel schwerer wiegen drei andere Probleme.

Erstens: In der Europäischen Union sind die Mittel der direkten Demokratie schwächer entwickelt und die Rechte des Europäischen Parlaments im Verhältnis zu den Rechten eines nationalen Parlaments eingeschränkt. Darüber hinaus muss man sich natürlich schon vergegenwärtigen, welche Folgen es hätte, würde die europäische Demokratie genauso funktionieren wie die deutsche oder österreichische. Dann würde nämlich über alle Themen per Mehrheit entschieden, was dazu führen könnte, dass die Interessen kleinerer Staaten oder Gruppen von Bürgern permanent überstimmt werden könnten. Ob das die EU populärer machen würde?

Zweitens: Mehr Demokratie auf der europäischen Ebene würde gleichzeitig eine Beschränkung der demokratischen

Rechte auf der nationalen Ebene bedeuten. Denn zwangsläufig geht mit einer verstärkten Kompetenzübertragung auf europäische Organe eine Verdünnung der Zuständigkeiten der nationalen Parlamente einher. Der Deutsche Bundestag hätte dann ebenso wie das Wiener Parlament eher die folkloristisch-dekorative Bedeutung eines Landtages. Auch das ist kaum erwünscht und daher nicht durchsetzbar.

Drittens: Neuerdings ist sehr häufig von europaweiten Volksabstimmungen die Rede. Würde man dieses Instrument auf der europäischen Ebene bindend einsetzen, so könnte das natürlich zur Folge haben, dass dadurch ebenfalls fundamentale Interessen von Mitgliedsstaaten unter die Räder kommen. Hier erhebt sich dann die Frage, wie ein hoher Standard an Demokratie definiert ist. Besteht er nur darin, dass das Mehrheitsprinzip angewendet wird und dass möglichst viel über parlamentarische Entscheidungen entschieden wird, oder heißt das nicht auch Rücksicht zu nehmen auf Probleme von Minderheiten und ein vorsichtiger Umgang mit Entscheidungen, die für Teile der Bevölkerung ganz einfach nicht nachvollziehbar sind?

85 Die meisten Gesetze auf nationalstaatlicher Ebene kommen heute zustande, indem eine in Brüssel beschlossene Norm von den jeweiligen nationalen Parlamenten mehr oder weniger abgenickt wird. Das führt oft dazu, dass Regierungen Gesetze, die sie im eigenen Land mangels politischer Mehrheit nicht durch ihre Parlamente brächten, über den Europäischen Rat verwirklichen und damit ihre Volksvertretungen zum Nachvollzug zwingen – was der deutsche Soziologe Ulrich Beck ein „postdemokratisches System" nennt. Wird damit das demokratische Prinzip nicht zumindest schleichend ausgehöhlt?

Diese Einschätzung ist zwar weit verbreitet, aber weit übertrieben und spiegelt auch manches Vorurteil, das zurzeit auf der nationalen Ebene gepflegt wird, sehr deutlich wider. Denn nach wie vor ist der weit größere Anteil der Gesetzgebung in nationaler Hand. Die Europäische Union hat gar keine Möglichkeit, in jenen Bereichen, die in den Verträgen nicht gemeinschaftlich geregelt sind, Gesetze zu erlassen. In den allermeisten Fällen muss man außerdem davon ausgehen, dass Regierungen in ihrem eigenen Land sehr wohl eine politische Mehrheit haben, lediglich Minderheitsregierungen können nicht von vornherein auf eine parlamentarische Mehrheit rechnen. Es ist daher nicht der Mangel an politischer Mehrheit im eigenen Lande, der zu europäischen Gesetzen führt, sondern wenn schon, ist es eher die Absicht mancher Regierungen, unangenehme Entscheidungen nach Brüssel abzuschieben.

Das nationalstaatliche, demokratische Prinzip wird interessanterweise eher in den europäischen Nichtmitgliedsstaaten schleichend ausgehöhlt. Vor allem in Ländern wie der Schweiz, die intensive Handelsbeziehungen mit der Europäischen Union unterhalten, müssen viele EU-Wirtschaftsgesetze auf nationaler Ebene nachgebildet werden, ohne dass die Schweiz irgendeine Chance hätte, am Zustandekommen des europäischen Gesetzes in irgendeiner Weise mitzuwirken. Das hat dort nach dem Referendum über die Ausweitung der Freiheit des Personenverkehrs auf die neuen Mitgliedsstaaten eine gewisse Nachdenklichkeit ausgelöst. Es ist eine Debatte entstanden, ob es in Zukunft im Interesse der Schweiz gelegen ist, dass sie auf der einen Seite keine Wahl hat, außer europäische Gesetze zu übernehmen, andererseits aber keinen Einfluss nehmen kann, auf welche Art und Weise diese Gesetze zustande kommen. Genau dieses Argument hat auch vor der Erweiterung in Österreich eine große Rolle gespielt. Der Slogan hat damals gelautet: „Wir wollen mitreden in Europa", und das „Nicht-mitreden-können" ist wohl eine weit größere Verletzung der demokratischen Rechte.

86 Seit immer mehr gewichtige Entscheidungen in Brüssel fallen, ist in föderal verfassten Staaten wie Deutschland oder Österreich zu den drei innerstaatlichen Entscheidungsebenen – Gemeinde, Land, Bund – nun eine vierte Ebene, nämlich jene der Union, dazugekommen. Warum hat das nicht zur Folge, dass im Gegenzug eine innerstaatliche Gesetzgebungsebene abgeschafft oder jedenfalls dramatisch reduziert wird?

Obwohl Österreich nun schon seit mehr als zehn Jahren Mitglied der Europäischen Union ist, sind im internen Staatsgefüge noch immer keine ausreichenden Konsequenzen aus dem Beitritt gezogen worden. Das ist ein kostspieliges Versäumnis. Nicht einmal in den Ministerien hat man bis heute der Tatsache Rechnung getragen, dass praktisch 100 Prozent der Agrargesetzgebung und etwa 80 Prozent der Wirtschaftsgesetzgebung sowie auch wesentliche Teile der Sozialgesetzgebung nach Brüssel gewandert sind. Es ist nicht erkennbar, dass – der neuen Situation Rechnung tragend – diese Ministerien entsprechend umgebaut und verschlankt worden wären. Aber im Außenministerium ist im Verhältnis zur anfallenden Arbeit die Europa-Sektion und sind alle anderen Abteilungen, die sich mit der EU auseinander zu setzen haben, personell immer noch eher schwach ausgestattet im Vergleich zu jenen Abteilungen, die wie in der Vergangenheit die klassische Außenpolitik wahrzunehmen haben. Ähnliches gilt für manche Interessensvertretungen.

Zumindest das Parlament hat mittlerweile eine gewisse Aufwertung europapolitischer Themen vorgenommen, indem es entschieden hat, dass viermal pro Jahr eine eigene Sitzung europäischen Themen gewidmet wird. Es darf aber daran erinnert werden, dass einer der Gründe, warum man zur Reform der österreichischen Verfassung einen eigenen Konvent einberufen hat, dem Ziel gewidmet war, den österreichischen Staat so umzubauen, dass dieser den sich aus der Mitgliedschaft in der EU ergebenden Veränderungen besser gerecht werden kann. Leider sind diese Bemühungen bisher fehlgeschlagen, der Konvent ist ergebnislos zu Ende gegangen. Das heißt jedoch nicht, dass dieses Thema jetzt ganz einfach ad acta gelegt werden kann.

Es ist völlig berechtigt, dass die Landeshauptleute darauf aufmerksam machen, dass sich im Verhältnis zwischen Bund und Ländern endlich etwas ändern muss. Etwa im Bereich der Vergabe von Förderungen und Subventionen: Obwohl vonseiten der Europäischen Union sowohl die ländliche Entwicklungspolitik als auch die Strukturpolitik als regionale Politiken angelegt sind, wird in Österreich trotz Föderalismus der größte Teil der Förderpolitik auf der nationalstaatlichen Ebene entschieden, und die Länder können nur in einer untergeordneten Art und Weise mitwirken.

Ein neuer Konvent, in dem dann hoffentlich endgültig eine Neuordnung des österreichischen föderalen Staatswesens vereinbart werden kann, wäre daher dringend notwendig.

87 *Derzeit fallen alle wesentlichen Entscheidungen der EU im Europäischen Rat der Staats- und Regierungschefs. Das ist etwa so, als würde in Deutschland oder Österreich die Gesetzgebung der Konferenz der Ministerpräsidenten beziehungsweise der Landeshauptleute obliegen. Entspräche es nicht viel eher einem demokratischen parlamentarischen Aufbau, wenn der Europäische Rat eine Art Länderkammer würde, vergleichbar mit dem Bundesrat, und die Legislative bei einem mit entsprechenden Rechten ausgestatteten Europäischen Parlament läge?*

Der Schein trügt. Es entsteht zwar in der Öffentlichkeit immer mehr der Eindruck, als ob die wesentlichen Entscheidungen der EU im Europäischen Rat fallen würden – in Wirklichkeit hat aber der Europäische Rat überhaupt keine Gesetzgebungskompetenz; auch wenn seine Mitglieder gerne diesen Eindruck erwecken. Rechtlich gilt vielmehr: Die Kommission macht die Gesetzesvorschläge, Rat und Parlament beschließen sie. Der Eindruck von der Allmacht des Europäischen Rates rührt daher, dass die so genannten „Gipfel" immer mit großer medialer Begleitmusik über die Bühne gehen und deshalb entsprechend auffallen. Und vielleicht liegt es auch daran, dass manche Regierungschefs zeitweise so tun, als ob sie die alleinigen Entscheidungsträger wären. Dementsprechend mischen sie sich immer mehr und immer häufiger in die Kompetenzen anderer EU-Institutionen ein. Es ist zwar im abgelehnten Verfassungsentwurf vorgesehen, dass der Europäische Rat zu einer eigenen Institution aufgewertet werden soll, zurzeit ist er aber noch nicht einmal das.

Sicher wäre es im Interesse Europas günstig, wenn zwar nicht der Europäische Rat, wohl aber die (Fach-)Ministerräte so etwas wie eine Art Länderkammer würden. Damit wäre einerseits die

Dominanz des Europäischen Parlaments sichergestellt und andererseits könnten die Mitgliedsstaaten trotzdem Einfluss auf die Gesetzgebung nehmen. Allerdings müsste diese zweite Kammer mit wesentlich mehr Rechten ausgestattet werden als etwa der Österreichische Bundesrat, denn nur zum Abnicken bereits beschlossener Gesetze ist eine zweite Kammer wohl auch nicht unbedingt notwendig.

Ein solches Konzept machte jedoch nur dann Sinn, wenn die Grundsatzentscheidung, dass sich die Europäische Union in Richtung der Vereinigten Staaten von Europa weiterentwickelt, gefallen ist. Solange eine solche Entscheidung in weiter Ferne ist und auch die Bürgerinnen und Bürger ein größeres Interesse daran haben, dass ihre nationalen Bedürfnisse in den europäischen Gremien ausreichend abgesichert sind, als dass es eine effiziente europäische Gesetzgebungsmaschinerie gibt, müssen auch die nationalen Interessen entsprechend repräsentiert werden. Und diese Aufgabe kommt eben dem Rat zu.

88 *Die europäische Gesetzgebung ist aufgrund der Konstruktion der EU ein Prozess, der relativ viel Zeit in Anspruch nimmt und eine hohe Anzahl an Kompromissen erfordert. Es kommt also in vielen Fällen nur eine zweitbeste Lösung, aber die dafür reichlich spät, zustande. Wie sollen damit die Herausforderungen einer globalisierten Welt bestanden werden, deren wesentliches Charakteristikum ja gerade die zunehmende Beschleunigung der wirtschaftlichen Prozesse ist?*

Leider dauert es im Durchschnitt zwei Jahre, bis aus einem Kommissionsvorschlag im Zuge des Mitentscheidungsverfahrens des Parlaments und des Rates ein Gesetz geworden ist, und leider stimmt es auch, dass manche Gesetzesvorlagen, die die Einstimmigkeit erfordern – wie zum Beispiel Steuerharmonisierungen –, überhaupt auf die lange Bank geschoben werden. So liegen derzeit einige Gesetzesentwürfe nicht nur seit zwei Jahren, sondern zum Teil bis zu zehn Jahre lang im Parlament und sind immer noch nicht verabschiedet. Daher hat der Vizepräsident der Kommission, Günter Verheugen, nunmehr auch vernünftigerweise vorgeschlagen, eine Liste derartiger Entwürfe zu entsorgen.

Dass es beim Zustandekommen von Gesetzen Kompromisse geben muss, ist nur natürlich, und dass die Kompromissfindung unter 25 verschiedenen, nationalen Interessen schwieriger ist, nicht ungewöhnlich. Auch nationale Gesetze stellen in der Regel zu einem gewissen Grad Kompromisse dar, zumeist weil sie von Koalitionen beschlossen werden müssen. Das bedeutet aber nicht zwangsläufig, dass ein Kompromiss nur eine zweitbeste Lösung sein kann.

Um jedoch mit den Herausforderungen der Globalisierung besser zurande zu kommen, sind Änderungen der Wirtschafts- und Politiksteuerung dringend notwendig.

Die Kommission hat ihre Überlegungen dazu unter der Überschrift „Neues Regieren“ zusammengefasst. Sie ist der Meinung, dass selbst eine schnellere und besser geölte Gesetzgebungsmaschine nicht unbedingt das geeignete Mittel ist, um rasch genug auf wirtschaftliche Veränderungen reagieren zu können. Sie strebt daher an, einige neue Elemente des Regierens einzuführen.

Dazu braucht es zunächst einmal neben einer optimalen Koordination aller Beteiligten eine bessere und möglichst objektive Beobachtung und Analyse der wirtschaftlichen Abläufe. Die Ergebnisse dieser Arbeit will man dann regelmäßig von den Regierungschefs diskutieren lassen.

Dann braucht es aber auch eine Art Ranking – das heißt, man will die besten Lösungen, die Mitgliedsstaaten gefunden haben, positiv herausstellen und besonders ungeeignete Lösungswege offen kritisieren (in der Wirtschaft heißt das „Benchmarking“). Auf diese Weise kann mit Hilfe einer verstärkten medialen Begleitmusik die Diskussion der europäischen Wirtschaft in die richtige Richtung gesteuert werden. In das neue Regieren müssen zudem die Sozialpartner und die Bürgergesellschaft eingebunden werden, und zwar nicht nur in der traditionellen Form von Stellungsnahmen, sondern indem sie auch stärker in die Entscheidungsprozesse eingebunden werden und damit aber auch Mitverantwortung übernehmen müssen.

89 Wollte man die von vielen EU-Bewohnern empfundenen Demokratiedefizite beseitigen, müsste man aus dem EP ein starkes Parlament nach dem Muster des Deutschen Bundestages oder des Österreichischen Nationalrates machen, aus der Europäischen Kommission eine Europäische Regierung und aus dem Rat eine Art Länderkammer des Parlamentes. Genau das scheint aber eine Mehrheit der Europäer nicht zu wünschen. Wie soll dieses Dilemma gelöst werden?

Dieses Dilemma ist leider unlösbar, da braucht man gar nicht darum herumzureden. Es ließe sich nur dann lösen, wenn man sich entscheiden könnte, aus der Europäischen Union die Vereinigten Staaten von Europa zu machen. Ob es jemals dazu kommt, steht in den Sternen. Ganz im Gegenteil: Zurzeit ist das Risiko, dass sich die EU von dem erreichten Stand der Integration und von ihrem derzeitigen Status zurückentwickelt, größer als die Wahrscheinlichkeit einer weiteren Vertiefung.

Das zeigt auch die ganze Debatte rund um den Verfassungsvertrag. Dennoch lohnt diese Debatte durchaus, weil zumindest klar wird, worum es letztlich geht: Entweder wir entscheiden uns dafür, dass primär die Nationalstaaten in ihrem Charakter und in ihren wesentlichen Zuständigkeiten erhalten bleiben und nur, wenn es unbedingt notwendig ist (weil auf nationaler Ebene keine Lösung möglich ist), weitere Kompetenzen auf die Gemeinschaft übertragen werden. Oder man wagt den großen Schritt und bildet die Nationalstaaten soweit zurück, dass sie eine Funktion bekommen, wie sie in Deutschland die Bundesländer gegenüber dem Bund haben.

Jedem Unionsbürger muss klar sein, dass beides seinen Preis hat. Im ersten Fall bleibt die Europäische Union als politische Macht schwächer, und Europa bleibt ein Konglomerat von Staaten mit vielen Meinungen und Stimmen. Im anderen Fall würde es die eine Stimme Europas, die immer wieder eingefordert wird, geben. Europa könnte rasch und effizient handeln, aber auf die nationalen Befindlichkeiten kann dann eben nur mehr viel weniger Rücksicht genommen werden.

Realistischerweise muss man daher sagen, dass das Beste, was wir zurzeit erreichen können, eine Mischung aus den beiden Extremvarianten darstellt. Es gibt Bereiche, wo Europa die Rolle der Vereinigten Staaten von Europa spielt, wie etwa zum Beispiel in der Handelspolitik oder in der Landwirtschaft; es gibt aber andere Bereiche, wo Europa nach wie vor im Wesentlichen nationalstaatlich organisiert ist, wie zum Beispiel in der Außenpolitik. Letztlich ist ein solcher Kompromiss für das Empfinden der Bürgerinnen und Bürger eine gute Lösung, weil sie ihre nationalen Gefühle weiter ausleben und trotzdem viele zentrale Aufgaben gemeinsam durchführen können.

90 *Je mehr Entscheidungen in der EU nicht mehr einstimmig getroffen werden, sondern von qualifizierten Mehrheiten durchgesetzt werden können, umso mehr verlieren die nationalen, direkt demokratisch legitimierten gesetzgebenden Körperschaften an Handlungsspielraum. Ist es da nicht irgendwie nachvollziehbar, dass viele Menschen die EU als Machtzentrum empfinden, das immer tiefer in ihr persönliches Leben eingreift, andererseits aber nicht einfach abgewählt werden kann?*

Natürlich werden die europäischen Institutionen immer mehr zu einem Machtzentrum, je mehr Kompetenzen auf diese Institutionen übertragen werden. Gerade wenn man sich dafür entscheiden wollte, die Vereinigten Staaten von Europa zu haben, dann wäre es zwangsläufig notwendig, dass die Entscheidungen in einem solchen Europa ausschließlich mit Mehrheiten gefällt werden, und das Einstimmigkeitsprinzip müsste endgültig abgeschafft werden. Man kann nun einmal nicht eine Sache und gleichzeitig das Gegenteil davon wollen. Man kann nicht ein starkes Europa, das gleichauf mit den USA eine politische Weltmacht darstellt, haben wollen und sich dann darüber beklagen, dass dieses Europa eine Machtzentrale darstellt. Man kann auch nicht verlangen, dass Entscheidungen rascher gefällt werden müssen und dass die „Kompromisslerei" aufhören sollte und gleichzeitig die Entmachtung der nationalen Gesetzgebungsinstitutionen beklagen. Hier stößt die großartige Erfindung der Europäischen Union an ihre Grenzen. Die EU kommt immer dann in Verruf, wenn ihr Dinge abverlangt werden, die sie aufgrund ihrer Konstruktion ganz einfach nicht leisten kann.

In solchen Situationen kann es heilsam sein, nicht immer nur auf das zu schauen, was gerade nicht geht, sondern mehr auf das, was funktioniert. Und da fragt man sich schon, was wir denn in

Europa für Zustände hätten, wenn es keine europäische Wettbewerbskontrolle gäbe, wenn jeder Nationalstaat seine eigenen Normen aufstellte, wenn es weiter Handelsbarrieren und Zollschranken an jeder nationalen Grenze geben würde, wenn es keine Möglichkeit gäbe, ohne Pass den Kontinent zu queren, wenn Länder wie Irland oder Portugal und viele andere von den reichen Ländern Europas keine Hilfe bekämen, um die Wirtschaft zu pushen, wenn alle 25 Mitgliedsstaaten eigenständig in der WTO verhandeln würden ... die Liste lässt sich beliebig verlängern.

10. Kapitel

Die Europäer werden immer weniger – ausser, wenn sie weniger Europäer werden: Das Dilemma zwischen unerwünschter Immigration und unerwünschter Verarmung

Der Umstand, dass die Europäer dank des medizinisch-technologischen Fortschrittes immer älter werden, ist ja an sich eher erfreulich als eine Katastrophe. In Verbindung mit der Tatsache freilich, dass die Frauen in Europa immer weniger Kinder bekommen, wird der erfreuliche medizinische Fortschritt zur Ursache einer Entwicklung, die noch einiges Kopfzerbrechen bereiten wird: dass nämlich in Zukunft in der EU immer mehr alte Menschen immer weniger jungen Leuten gegenüberstehen werden, dass die Union also am besten Wege ist, zu vergreisen.

So kamen etwa 1998 in der EU auf 100 erwerbsfähige Menschen zwischen 15 und 65 Jahre nur 24 Menschen über 65, bis 2050 würde dieser Wert (ohne Zuwanderung) auf über 54 ansteigen. Anders gesagt: Jeder Erwerbstätige wird dann doppelt so viele Alte zu erhalten haben wie heute (vgl. Birg: „Zur Lage der Weltbevölkerung").

Noch dramatischer wird diese Entwicklung, betrachtet man nur die wirtschaftlich besonders wichtige Gruppe der 20- bis 40-Jährigen. Deren Anteil an der Bevölkerung nimmt bereits seit Ende der 90er Jahre in den meisten Ländern der EU ab und wird sich bis 2050 etwa in Deutschland und Österreich um schätzungsweise 40 Prozent verringern.

Die Auswirkungen dieses Prozesses lassen sich heute erst teilweise abschätzen, weil sie fast jeden Aspekt des Lebens betreffen (alte Gesellschaften werden etwa längere Ampelphasen brauchen, um nur eines von ungefähr einer Million Beispiele zu nennen). Klar ist aber schon jetzt: Steigt der Anteil der Alten, die nicht mehr arbeiten können und/oder wollen, dramatisch an in

Relation zur Zahl der erwerbstätigen Jungen, dann müssen entweder diese Jungen mit empfindlich höheren Steuern und Sozialabgaben rechnen – oder aber die Alten mit ebenso dramatisch gekürzten Zahlungen (Pensionen, Renten, aber auch medizinische Leistungen).

Einigermaßen verschärft wird diese Problematik noch dadurch, dass auch die Einwanderung junger Menschen von außerhalb der Union das Problem nicht wirklich lösen wird können. Denn selbst wenn die Immigration auf dem derzeitigen, von der Bevölkerung als hoch empfundenen Niveau anhält, ändert sich an der demografischen Lage des Jahres 2050 fast nichts. Um jedoch den demografischen Trend ernsthaft zu drehen, wären Zuwanderungen in einem Ausmaß notwendig, das realpolitisch vollkommen unmöglich ist.

Dieses demografische Problem bildet natürlich auch den Hintergrund jener sehr grundsätzlichen und emotionalen Debatte, die in der EU gerade um die Zukunft des europäischen Sozialstaates geführt wird. Denn natürlich lastet die demografische Entwicklung besonders schwer auf jenen Staaten wie Deutschland oder Österreich, die ein besonders dicht gewobenes soziales Netz für ganz Europa befürworten.

Dagegen stützt die demografische Entwicklung jedenfalls implizit das Sozialstaatsmodell der Briten, die der Eigenverantwortung mehr Gewicht zuweisen als dem Staat, denn ein derartiges Modell ist natürlich tendenziell eher imstande, die Schockwellen der demografischen Krise aufzufangen.

91 Wenn sich die bisherige demografische Entwicklung ungebremst weiter fortsetzt, wird das Durchschnittsalter aller EU-Staatsbürger – ohne massive zusätzliche Immigration in die EU – im Jahr 2025 rund 55 Jahre betragen, während jenes der US-Amerikaner dann bei etwa 37 Jahren liegen wird. Welche ökonomischen, politischen und geostrategischen Konsequenzen hätte das langfristig auf die Europäische Union und ihre Mitgliedsstaaten?

Eine Studie der Deutschen Bank aus dem Jahr 2003 zu diesem Thema hat ergeben, dass dann in Europa das wirtschaftliche Wachstumspotenzial auf höchstens 1 bis 1,5 Prozent zurückgehen würde. Die Folgen wären nicht zuletzt deswegen fatal, weil ein derart niedriges Wachstum unweigerlich dazu führen würde, dass die ohnehin schon dramatisch hohe Arbeitslosigkeit weiter anstiege. Europa würde aber auch in der weltweiten Wirtschaftsentwicklung noch weiter zurückfallen, weil nicht nur die USA, sondern auch andere wichtige Mitbewerber eine wesentlich jüngere Gesellschaft aufzuweisen haben.

Derzeit kommen die wesentlichsten Wachstumsimpulse Europas aus der Erweiterung (wie man etwa an der tollen Entwicklung österreichischer Unternehmen in Osteuropa sieht) und aus den sich daraus ergebenden Synergieeffekten. In Zusammenhang mit dem Problem der Überalterung jedoch bringt die Erweiterung bedauerlicherweise keine Verbesserung. Im Gegenteil: In einigen der neuen Mitgliedsstaaten ist die Alterspyramide noch ungünstiger aufgebaut als in manchen alten Mitgliedsstaaten.

Nicht nur wirtschaftlich, auch politisch würde eine Überalterung Europas, die nicht durch mehr Immigration gemildert wird, eine enorme Schwächung bedeuten, denn alte Gesellschaften gehen besonders ungern Risiken, welcher Art auch immer, ein;

besonders gar nicht sicherheitspolitische Risiken wie militärische Interventionen (wie sie etwa am Balkan notwendig waren).

Ein überaltetes Europa würde aber auch eine Art Vakuum darstellen, in das mehr und mehr Menschen aus den bevölkerungsreichen Regionen der Welt versuchen würden zuzuwandern. Jene Szenen, die sich 2005 an den Zäunen der spanischen Exklaven in Nordafrika abgespielt haben, geben einen kleinen Vorgeschmack darauf, was da auf uns zukommen könnte.

Die Frage wird daher sein: Ist die europäische Bevölkerung weitsichtig und klug genug, mehr Zuwanderung zuzulassen?

Natürlich hat die zunehmende Überalterung in Europa auch noch andere Konsequenzen. Das Pensionsalter muss zwangsläufig auf 70 (möglicherweise sogar noch mehr) Jahre hinaufgesetzt werden. Der Bedarf an Pflegepersonal und Pflegeeinrichtungen wird schon in den nächsten Jahren gewaltig steigen. Die Kosten des Altersversorgungssystems werden explodieren und die Spannungen unter den Generationen damit zunehmen. Andererseits sind die zusätzlich erforderlichen Arbeitskräfte in den Pflege- und Sozialberufen eine Chance für viele, die von der Wissensgesellschaft nicht profitieren können.

Je klüger und effizienter Immigration organisiert wird, umso milder werden die Veränderungen ausfallen können.

92 *Die meisten europäischen Staaten verstehen sich bisher, anders als etwa die USA, nicht als klassische Einwanderungsländer. Trotzdem wird, um die EU nicht binnen weniger Jahrzehnte zu einem kontinentalen Greisen-Asyl werden zu lassen, eine kontrollierte Immigration junger Menschen aus dem Ausland notwendig sein. Aus welchen Regionen sollen diese Menschen kommen, und wie kann man diese Notwendigkeit gerade einer alternden und damit risikoadversen Gesellschaft vermitteln?*

Die politische wie inhaltliche Betonung liegt zu Recht bei der kontrollierten Immigration junger Menschen. Denn ungelenkte Einwanderung wird dieses Problem nicht lösen helfen. In Österreich etwa erleben wir zurzeit durchaus ein relativ hohes Maß an Immigration, aber bedauerlicherweise gibt es keinerlei Bevorzugung jüngerer Leute. Die Politik wird junge Menschen im Wesentlichen nur dadurch anlocken können, dass man ihnen günstige Arbeitsbedingungen bietet.

Woher die Immigranten kommen sollen, wird je nach Staat ziemlich unterschiedlich sein. In Frankreich, im Vereinigten Königreich oder in den Niederlanden gibt es nach wie vor enge Beziehungen zu den früheren Kolonien, daher ist es nahe liegend, dass sich die Immigranten schwerpunktmäßig aus diesen Ländern rekrutieren. Daneben gibt es auch nach wie vor enge Beziehungen im Mittelmeerraum, wie zum Beispiel von Frankreich und Spanien gegenüber Marokko. In Deutschland und Österreich gehen die historischen Beziehungen mehr nach Osten und Südosten, was zur Lösung des Problems nicht weiterhilft. Daher werden sich diese Staaten vor allem auf die Qualität und Attraktivität der Angebote, die sie an potenzielle Immigranten richten, verlassen müssen.

Zwangsläufig werden auch neue Überlegungen angestellt werden müssen, wie man die Menschen, die man ins Land lockt, in unsere Gesellschaften integrieren kann, ohne die alteingesessene Wohnbevölkerung zu sehr einer Bewährungsprobe zu unterziehen. Das beginnt beim Kindergarten- und Schulsystem und endet bei den kulturellen Ansprüchen, die die Immigranten stellen werden. Jedenfalls wird die Toleranz unserer Staatsbürger in diesem Prozess immer wieder auf die Probe gestellt werden, und das Ganze wird sicher nicht spannungsfrei ablaufen.

Letztendlich werden aber die Bürger Europas vor der Frage stehen, was ihnen lieber ist: ein eskalierender Streit ums Geld mit der eigenen, an Köpfen laufend schrumpfenden jüngeren Generation, verbunden mit wachsendem Wohlstandsverlust – oder doch ein geordnetes Zusammenleben mit Menschen anderer Hautfarbe, anderer Religionen und eines anderen kulturellen Hintergrundes. Ein dritter Weg ist hier nicht in Sicht.

93 Schon jetzt gehen gut ausgebildete Immigranten, etwa aus Indien, viel lieber in die USA als nach Deutschland oder Österreich, wie auch der Misserfolg der deutschen Green-Card-Aktion (Mehr Green Cards als Inder) gezeigt hat. Welche Maßnahmen muss Europa ergreifen, um für junge Experten zumindest genauso attraktiv wie die Vereinigten Staaten zu werden?

Wenn wir wollen, dass junge ausländische Akademiker nicht nach Harvard oder Stanford, sondern nach Heidelberg oder Wien gehen, müssen wir diesen jungen Experten eben genauso attraktive Bedingungen wie die Vereinigten Staaten bieten. Das beginnt ganz banal mit den Einwanderungsformalitäten, das hat wesentlich mit den sozialen Leistungen zu tun, das hat noch viel mehr mit den Arbeitsbedingungen an den Universitäten und in den Unternehmen zu tun – und natürlich auch mit der Toleranz der Bevölkerung. Wie sollen sich hoch qualifizierte Immigranten denn wohlfühlen, wenn sie auf der Straße von den Einheimischen ständig schief angeschaut werden und grundsätzlich als suspekt gelten, wie das heute in Europa leider noch allzu oft der Fall ist? Leider ist viel zu wenigen Menschen bewusst, dass Fremdenfeindlichkeit nicht nur ein Charakterfehler ist, sondern unter ökonomischen Gesichtspunkten einen erheblichen Standortnachteil darstellt und daher wohlstandsmindernd ist: Wer Fremde ablehnt, macht sich selbst ärmer.

Von Brüssel aus sind diese Probleme freilich kaum zu lösen, auch nicht allein von den nationalen Regierungen. Hier bedarf es eines breiten Dialogs in der Bürgergesellschaft über den Wert von Toleranz und Humanismus.

94 *Schon jetzt leben 15 Millionen Muslime in den EU-Staaten, in einzelnen Städten wie Paris oder Berlin beträgt ihr Anteil an der Gesamtbevölkerung bereits mehr als 15 %, mit aufgrund der hohen Reproduktionsraten auch noch stark steigender Tendenz. Ist nicht mit erheblichen Widerständen in der Bevölkerung zu rechnen, sollte dieser Anteil durch gezielte Immigration noch weiter ansteigen?*

Ein wesentliches Problem der Einwanderung ist natürlich, dass je nach ihrer Herkunft Immigranten nur in unterschiedlichem Maß bereit sind, sich in die europäische Gesellschaft zu integrieren.

Die Integrationsfähigkeit wird daher bei der Auswahl der Zielländer für Immigranten durchaus eine gewisse Rolle spielen müssen. Dass der Anteil der Muslime in Europa steigen wird, kann mit Sicherheit angenommen werden. Nicht nur, weil Europa schon seit Jahrzehnten viele Immigranten aus der Türkei und aus Marokko aufgenommen hat, sondern weil auch in vielen afrikanischen Staaten mit historischen Verbindungen zu EU-Mitgliedsstaaten der Islam die dominierende Religion ist.

Für Österreich könnte es nützlich sein, an manche Erfahrung aus der Monarchie anzuknüpfen. Auch in die Monarchie waren muslimische Länder – wie zum Beispiel Bosnien – eingebunden, und diese Einbindung hat über lange Jahre ohne große Schwierigkeiten funktioniert. Es wird deshalb auch kein Zufall sein, dass die EU-Beobachtungsstelle für Rassismus und Fremdenhass den Umgang Österreichs mit den Islamisten als vorbildlich hervorgehoben hat.

95 Historisch hat sich gezeigt, dass starke Immigrationsströme in einzelne EU-Staaten meist zu einer Stärkung dort vorhandener rechtspopulistischer Parteien und Politiker (etwa seinerzeit Haider in Österreich, Le Pen in Frankreich) geführt hat. Ist das auch in Zukunft ein quasi unvermeidbarer Preis dafür, dass aufgrund der überalterten lokalen Populationen in Europa Immigration notwendig wird – und hat die EU irgendwelche Strategien, wie diesem Dilemma zu begegnen ist?

Wenn die Zeiten politisch und wirtschaftlich schwieriger werden, haben Populisten Hochsaison, und zwar nicht nur Rechtspopulisten, sondern Populisten aller Schattierungen, wie etwa der Erfolg der Linkspartei bei den deutschen Bundestagswahlen 2005 gezeigt hat. Es wird daher in Zukunft nicht zuletzt auch angesichts der notwendigen Immigration dazu kommen, dass die extremeren Parteien am rechten und linken Flügel mehr Protestwählerstimmen sammeln können und die traditionelle politische Mitte eher etwas ausgedünnt wird. (Verteilungskämpfe zwischen Alten und Jungen hätten übrigens vermutlich nicht weniger ungünstige politische Folgen.)

Notwendig wird daher sein, dem Populismus nicht durch Ignorieren oder Ausgrenzen das Wasser abzugraben (was bekanntlich nicht funktioniert), sondern der Bevölkerung ehrlich und aufrichtig die möglichen Handlungsalternativen und deren Folgen zu erklären. Je besser es gelingt, die populistischen Kurzschlüsse als solche zu enttarnen, desto geringer wird auch der Zulauf sein. Gerade die österreichische Erfahrung zeigt, dass das durchaus funktionieren kann.

96 *Angesichts der EU-weit relativ hohen, ja in einzelnen Staaten sogar dramatisch hohen Arbeitslosenraten birgt zunehmende Immigration auch die Gefahr des Kampfes um jeden Arbeitsplatz zwischen Einheimischen und Zugezogenen in sich samt dem damit verbundenen Lohndumping und schließlich sinkender Massenkaufkraft als Folge. Gerade Gewerkschaften und andere Arbeitnehmerorganisationen stehen der Immigration deshalb ja auch skeptisch gegenüber. Wie wird diesen Risiken vernünftigerweise zu begegnen sein?*

Der Zuzug von Immigranten macht nur dann Sinn, wenn sie bei uns auch ausreichend Arbeit finden. Immigranten als Sozialhilfeempfänger verschärfen lediglich das Problem, das aus der Überalterung der Bevölkerung entsteht. Die Immigration muss daher auf jeden Fall mit den Arbeitsmöglichkeiten in den jeweiligen Staaten abgestimmt werden. Genauso wenig wie eine Immigration ohne Chance auf Arbeit funktionieren wird, wird aber auch eine Immigration zu diskriminierenden Bedingungen funktionieren. In Bezug auf die Arbeitswelt müssen die Immigranten den Einheimischen gleichgestellt werden, egal ob das den Gewerkschaften nun gefällt oder nicht. Das Problem der Überalterung wird auch vor den Gewerkschaften nicht Halt machen, und auch die Gewerkschaftsvertreter werden sich fragen lassen müssen, wie sie die soziale Absicherung ihrer Mitglieder bewerkstelligen wollen, wenn nicht mehr genügend Menschen im arbeitsfähigen Alter heranwachsen. Insgesamt freilich wird den Sozialpartnern bei der Bewältigung dieser überaus schwierigen Aufgabe eine bedeutende Rolle zukommen. Sie müssen und können einen wesentlichen Beitrag dazu leisten, dass die Generationen nicht völlig auseinander fallen und dass es möglich bleibt, auch bei einem höheren Ausländeranteil den sozialen Frieden zu wahren.

97 Europa hat lange Zeit ein hohes Maß an Solidarität aufgebracht, sowohl den Osteuropäern als auch den Bewohnern anderer benachteiligter Regionen gegenüber, die nach Europa hereindrängten. Diese Solidarität scheint, so könnte man manchmal glauben, immer schwächer zu werden. Was sind die Ursachen dieser Entwicklung, wie ist sie allenfalls umzukehren?

Eine der wesentlichen Ursachen dürfte sein, dass schon lange vor den regulären Immigranten etwa aus Osteuropa Kriminelle gleichsam als Vorhut gekommen sind und einen dementsprechenden Eindruck bei der Bevölkerung hinterlassen haben. Gerade in Ostösterreich haben internationale Banden und andere kriminelle Elemente immer wieder für Aufsehen gesorgt. Das damit verbundene Gefühl der Unsicherheit in der Bevölkerung hat sehr wesentlich zu einer Desolidarisierung – vor allem mit den Ost- und Balkanstaaten – geführt. Darüber hinaus scheint das Üben von Solidarität nicht gerade die bevorzugte Tugend unserer Zeit zu sein. „Geiz ist geil" einerseits und das Teilen mit dem Schwächeren andererseits gehen nicht gut zusammen.

Will man diesen Trend umkehren, so muss man wohl vorerst damit beginnen, den Nutzen, den die Bevölkerung aus einer verstärkten Immigration junger Menschen ziehen kann, vor Augen zu führen. Wir müssen wegkommen von der weit verbreiteten Vorstellung, dass Immigranten nur eine Last für unser Land sind und sollten die Vorteile, die wir aus der Immigration ziehen können, in den Mittelpunkt stellen. Es muss aber auch der Bevölkerung die notwendige Zeit eingeräumt werden, um die Veränderungen um uns herum auch verkraften zu können. Geschwindigkeit ist zwar wichtig, aber nicht alles. „Speed kills" – aber nicht nur denjenigen, der mit der Geschwindigkeit nicht mithalten kann, sondern auch denjenigen, der zu sehr auf das Gas drückt.

Laufen gesellschaftliche Prozesse zu rasant ab, setzen Rückschläge ein, und der Wandel kommt in Wirklichkeit insgesamt weniger zügig voran als mit einer kontrollierten Politik, die imstande ist, Rückschläge zu vermeiden.

98 *Klar ist auch, dass sich Europa gegen all jene, deren Immigration aus welchen Gründen auch immer unerwünscht ist, wirksamer als bisher abschotten muss. Wird es sich daher vermeiden lassen, dass eines Tages rund um die EU ein dichter, hoher Wall gezogen wird, der nicht viel durchlässiger ist als der Sperrwall zwischen Israel und den Palästinensergebieten heute?*

Man kann nur hoffen, dass eine solche Horrorvision niemals wahr wird. Den besten Weg, illegale Immigranten möglichst zu vermeiden und weiterhin offene und durchlässige Grenzen zu haben, stellt eine gute Nachbarschaftspolitik dar, die dafür sorgt, dass der Auswanderungsdruck in unseren Nachbarländern so gering wie möglich ist. Auch hier gilt: Vorbeugen ist besser als heilen.

Nachdem heute schon klar ist, dass in absehbarerer Zeit auf keinen Fall alle europäischen Staaten in die Europäische Union aufgenommen werden können – ganz zu schweigen von Staaten, die nur teilweise europäisch sind wie die Türkei oder Russland –, wird eine neue und verbesserte Nachbarschaftspolitik ein absolutes Muss für die Europäische Union. Denn größere Wanderungsströme kommen erfahrungsgemäß nur dann zustande, wenn es ein erhebliches soziales und wirtschaftliches Gefälle gibt. Deshalb liegt es im eigenen Interesse der EU, dafür zu sorgen, dass das soziale Gefälle nicht zu groß wird. Das kann nur gelingen, wenn die EU den Handel mit den Nachbarstaaten intensiviert, und wenn die Nachbarländer auch dabei unterstützt werden, sich selbst besser entwickeln zu können. Das liegt im beiderseitigen Interesse, denn diese Staaten können auf diese Weise eine positive Entwicklung nehmen und stabile politische Verhältnisse schaffen, und für die EU-Staaten ist jede Strukturhilfe gut angelegtes Geld, weil es in Form von Aufträgen und Marktchancen zu einem guten Teil wieder in die Geberländer zurückfließt.

99 Langfristig verändert Immigration immer auch den Charakter des Landes, dessen Ziel sie ist. In den USA etwa könnten sich die Latinos innerhalb der nächsten Jahrzehnte zur Majorität entwickeln und könnte der Gebrauch des Spanischen mit dem Gebrauch des Englischen gleichziehen oder dieses sogar eines Tages überholen. Welche Entwicklungen kommen unter diesem Gesichtspunkt à la longue auf Europa zu?

Europa wird im Zuge der absehbaren Immigrationsentwicklung noch bunter und vielfältiger werden. Sicher wird der Anteil der Muslime und auch anderer Religionen steigen. Bei den Sprachen wird die Dominanz des Englischen weiter zunehmen. Die deutsche Sprache wird, so wie bei der Ostererweiterung, durch Immigranten aus dem Osten eher gefördert, und das Französische wird ebenfalls durch Einwanderer von der afrikanischen Mittelmeerküste gestärkt werden. Eine Entwicklung wie jene der Latinos in den USA ist für Europa wohl nicht in Sicht.

Genauso wenig ist zu erwarten, dass wir künftig in den größeren europäischen Städten, so wie in vielen amerikanischen Städten, eine Chinatown besuchen werden können. Schon eher werden die anderen asiatischen „Tigerstaaten" unter den Immigranten eine wachsende Rolle spielen. Alle diese Einwanderer werden jedoch nicht zur Gänze ihre Traditionen ablegen und ihre kulturellen Wurzeln vergessen. Das kann Europa bereichern und zu einem noch lebenswerteren Platz machen – aber nur, wenn alle Beteiligten ein entsprechendes Maß an Toleranz füreinander aufbringen.

100 *Derzeit findet nicht nur Immigration nach Europa statt, sondern auch eine ziemlich umfangreiche Emigrationswelle besonders gut ausgebildeter Wissenschaftler aus der EU in Richtung USA. Wie kann dem begegnet werden?*

Im Unterschied zu den Immigranten, die nach Europa kommen, handelt es sich bei den europäischen Emigranten in der Regel um Eliten, die meist aus beruflichen Gründen auswandern. Wenn man einer solchen Entwicklung begegnen möchte, so kann man das wohl nur durch verbesserte Angebote in Europa selbst erreichen. Wir müssen in Europa selbst Top-Bedingungen für junge Forscher anbieten können, dann werden sie auch dableiben. Zu diesem Angebot gehören aber nicht nur erstklassige Forschungsmöglichkeiten, sondern genauso die Möglichkeit, erarbeitete Forschungsergebnisse auch in wirtschaftliche Erfolge ummünzen zu können sowie ein verbesserter Forschungswettbewerb. Nur dann, wenn ein junger Forscher das Gefühl hat, dass bei Projekten tatsächlich der Beste und nicht der Privilegierteste zum Zug kommt, wird er auch bereit sein, sich einem solchen Wettbewerb zu stellen. Doch dieses Problem ist in der Europäischen Union längst erkannt. Das neu aufzulegende Forschungsrahmenprogramm, das unter der österreichischen Präsidentschaft beschlossen wird, will dem Trend des Abwanderns junger Wissenschaftler gezielt entgegenwirken.

Auf nationaler und regionaler Ebene werden große Anstrengungen notwendig sein, den „brain-drain" zu stoppen. Die Lebensbedingungen vor Ort, die Qualität des Wohnens, das kulturelle Angebot, die Schulen und Freizeitmöglichkeiten werden schließlich nicht von der EU bereitgestellt. Gerade auf diesem Gebiet zeigt sich neuerlich: Ein erfolgreiches Europa wird sich nur aus dem optimalen Zusammenspiel von Gemeinden, Ländern, Staaten und der Europäischen Union ergeben. Deshalb ist es ja auch keine Unmöglichkeit, sondern eher eine Notwendigkeit, sich sowohl als Tiroler als auch als Österreicher und Europäer zu fühlen.

>>DER GLOBALE KLIMAWANDEL IST EINE BEDROHUNG, DESSEN ERSTE NEGATIVE AUSWIRKUNGEN AUF MENSCH UND NATUR BEREITS HEUTE ZU SPÜREN SIND<<

Helga Kromp-Kolb /
Herbert Formayer

Schwarzbuch Klimawandel

Wie viel Zeit bleibt uns noch?

224 Seiten
Broschiert mit Schutzumschlag

ISBN 3-902404-14-0

Wie viel Zeit bleibt uns noch? Im Jahre 1896 hat der schwedische Wissenschafter Svante Arrhenius erstmals aufgezeigt, dass zunehmende Treibhausgasemissionen zu signifikanter Erwärmung führen. Aber erst 2004 ist es gelungen, mit der Unterzeichnung des Kyoto-Protokolls durch hinreichend viele Staaten ein völkerrechtlich verbindliches Instrument zur Reduktion der Treibhausgasemissionen zu schaffen. Aber die Zeit läuft uns davon … Es geht nicht nur um Klimaschutz, es geht um Selbstschutz!

ecowin